早一點看懂趨勢的
投資用
經濟指標

從漢堡、房地產到金屬價格的景氣觀測技術

67%

45%

20%

38%

26%

賽門・康斯戴伯
Simon Constable

羅伯・萊特 [合著]
Robert E. Wright

陳儀 [譯]

THE WALL STREET JOURNAL.
Guide to the 50 Economic Indicators that Really Matter

From Big Macs to "Zombie Banks,"
the Indicators Smart Investors Watch to Beat the Market

——順著商業循環的波動投資，而不是只在價格上漲時投資。

這本書將提供你用一套縝密的方式思考經濟狀況，
而非老是被特定幾個投資標的牽著鼻子走。

致謝

沒有其他人們的協助，任何一本書都不可能完成，甚至連嘗試都有困難。除了本書正文中提到的所有人以外，本書還受到很多很多人的協助。其中，我們兩人都要特別感謝羅伊·迪安傑洛（Roe D'Angelo）和馬特·印曼（Matt Inman）在編輯過程中的耐心和堅持，這是一件非常艱鉅的工作。

尤其，康斯戴伯先生要向克特尼·魯特曼（Courtney Lutterman）致上最深的謝意，如果沒有他的精神支持，這本書不可能完成。另外，也要感謝道瓊（Dow Jones）公司的亞倫·莫瑞（Alan Murray）和瑞克·史汀（Rick Stine），沒有他們，很多事情不可能推動得了。另外，他也要感謝尼爾·利普斯查茲（Neal Lipschutz）、布瑞特·亞倫茲（Brett Arends）、茱莉·伊安納基（Julie Iannuzzi）、夏恩·班德（Shawn Bender）、巴伯·布倫納（Bob Bruner），還有肯·伊德斯（Ken Eades）對這個專案的鼓勵及支持。

萊特博士則要感謝大衛·貝柯斯（David Backus）、麥可·達爾達（Michael Darda）、珍·雷德（Jan Reid）、馬克·史提柯（Mark Stickle）和理查·席拉（Richard Sylla）。

最後，如果有任何遺漏，我們要在此先致上歉意。就算我們漏掉你，你也知道自己的貢獻非常大。

目錄

THE
50
Economic Indicators
that Really Matter

**早一點看懂趨勢
的投資用經濟指標**

THE
50
Economic Indicators
that Really Matter

**早一點看懂趨勢
的投資用經濟指標**

引言

想打敗大盤，
你需要的「看門道」常識！

也許你一聽到要研究「50個指標」就想打退堂鼓，但請想想，整個經濟體系本來就像一隻變形怪獸，所以最好能從很多角度和多重觀點來檢視它。儘管，當中某些觀點相對重要了些，但每一項觀點都將有助你看清商業循環較細微與特殊的面貌。

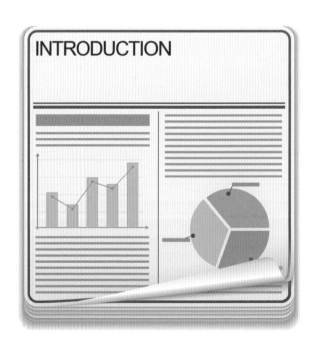

INTRODUCTION

本書是一本談論經濟指標的書,當然,看封面就知道它和經濟指標有關。不過,**這並不是一本單純的經濟指標書籍**,因為本書將有助於你保護自己的資金。

不管你的錢是多、是少,你都應該要有能力保住它,這是你理所當然該做的事;如果能再加上一點點運氣和非常敏銳的觀察,你的錢甚至會增值。

我們認為,讓錢增值的最好方法,就是觀察經濟指標的數據趨勢。你不僅必須留意每個人都會追蹤的某幾個衡量指標(當然,這些指標也很重要),還要追蹤其他指標,這當中有很多指標是一般人聽都沒聽過的。

我們認為,若投資人想擁有真正的優勢,就必須更有創意一點,甚至要帶點瘋勁兒。而且,在觀察經濟情況時,不要只是跟著看熱鬧,該要懂得看門道,仔細觀察速食餐廳裡和外頭街上的一切——這方面,等你讀到本書的末段章節時,就會了解我們的意思了。

掌握先見之明,告別投資慘劇

不管手中持有的是哪一種投資組合,每個人在2008至2009年間,都曾感受到信用大危機重創股市、導致股市一團混亂所造成的痛苦。當時,大大小小的投資人全都只能眼睜睜看著自己的財富一天比一天縮水,甚至一個小時比一個小時縮水。

本書將教你怎麼防止那樣的慘劇再次發生。為達到這個目標,我們將說明這些「精選經濟指標」將如何幫助你預知經濟的動向。有了這樣的先見之明,你便能提早調整你的投資部位,避免再次承受過去幾年所經歷過的痛苦。

你的投資成敗,和你是否能用上述方式來保護財產有直接相關。畢竟,就算你連續5年、10年或20年都打敗市場,最後卻在一次毫無道理可言的金融危機中被市場徹底擊潰,那先前累積的績效又有什麼意義?何況,經過那種災難和打擊後,你還能擁有見好就收、獲利了結的先見之明與膽識嗎?

2008至2009年金融危機及後續的餘波顯示,多數投資人都不夠敏銳,因為他們只看經濟現況,不探究未來的經濟走向。

儘管整體而言,所有投資人因2008年那次金融危機而虧損了幾兆美元,但問題是,現在看起來,他們的經濟及投資研判能力,仍沒有比危機發生前進步多少。他們似乎仍免不了在應該適當冒險時過於保守操作,卻在應該保守操作之際去從事高風險投資。憑心而論,這些人日後還是會繼續追高殺低,最後又再次追高,但這種行為模式卻是完全抵觸了投資獲利的策略。

除非投資人可以涵納本書的忠告,否則將永遠難以擺脫那種令人不開心的輪迴。**本書的目的就是要教導投資人,如何順著商業循環的波動投資,而不是只在價格上漲時投資。**換言之,本書希望提出一套縝密的方式,供投資人思考經濟狀況,而非老是被特定幾個投資標的牽著鼻子走。你也有聽過「給他魚,不如教他釣魚」的俚語吧?給某個人一條魚,你只能養活他一天,但教他釣魚,卻能養活他一輩子——投資也是一樣的道理。

善用各種線索判讀景氣走勢

乍聽之下,要你分辨經濟的走向——不論經濟將大幅成

長、大幅衰退或停滯──似乎很難。確實，那不是件容易的事情，但統計學卻常透露出許多和經濟體質有關的線索。只要能善加利用經濟指標，便可看見這些線索。

有些經濟指標能點出未來的經濟走向，這些稱為「領先指標」；還有些指標能讓你了解當前的經濟景況，稱為「同時指標」；另外，也有一些被稱為「落後指標」，旨在讓我們知道過去一段時間的經濟情況。要探討如何才能獲利，領先指標當然是最顯而易見的參考基礎，不過，同時指標和落後指標也很重要。

另外，為免你誤會，我們必須聲明，當我們在討論某些具體的投資策略分析、而非單純討論經濟狀況時，我們多半是以「中期和長期投資的觀點」在思考，而不是指當日沖銷、外匯交易、衍生性金融商品交易，或其他形式的短期投機活動。那種短期投機活動，最好還是留給技術派分析師、電腦和大型投資機構專業老手。

我們能協助的是，想利用經濟數據和指標來了解下個月或明年的經濟狀況，並在此時根據上述可能經濟狀況去投資，等待在未來收回利潤的人。

如果你常逛書店，一定看過很多有關經濟指標的書，包括一些宣稱能為你解開經濟指標機密線索的書，還有一些顯然是為協助平均智力較低的人，或想了解某些極複雜人文科學概念而寫的書籍。本書不屬於上述兩者。

本書當然不適合初學者讀，不過，就算你沒有拿過經濟學博士學位，一樣能搞懂這本書。

另外，這本書裡也沒有什麼「機密」。本書提到的資訊多半很容易取得，只不過，多數人經常不太能理解這些資

訊。我們只是把這些資訊找來、彙整在一起，並以一種我們希望讀者會覺得簡潔有趣的方式來說明這些資訊。

我們也認為，民眾至少必須自己做一點研究和預測。初出茅廬的初學者絕對沒有能力分辨誰是真正的專家、誰是「半桶水」，還有誰是招搖撞騙的騙子，所以，自己培養一點專業知識是很重要的。

多面向檢視經濟狀況的好工具

當我們決定要整理一份協助讀者了解經濟現況的經濟指標清單時，我們認為這份清單必須涵蓋經濟的所有領域。我們也決定剔除民眾很可能常聽聞的某些「知名指標」。所以，像「消費者物價數」（CPI，衡量價格通貨膨脹的指標）並不在我們的清單內，因為即使是對經濟稍有涉獵的人，都聽過這個通貨膨脹通用指標。

知道所有人都知道的東西，並不能使你領先群倫；反之，你必須觀察一些不是那麼眾所周知的指標。基於這個理由，我們這份清單所包含的多半不是一般耳熟能詳的指標。但這些被納入的指標一定能幫你了解通貨膨脹（不僅是消費者物價）、國內生產毛額（GDP，衡量經濟體系的商品及勞務總產出的指標）和就業（失業）情況的後續走向——沒錯，它們將讓你預先掌握未來的情況。

也許你一聽到要研究「50個指標」就想打退堂鼓，但請想想，整個經濟體系本來就像一隻變形怪獸，所以最好能從很多角度和多重觀點來檢視它。儘管，當中某些觀點相對重要了些，但每一項觀點都將有助你看清商業循環較細微與特殊的面貌。而且，你真的非常需要一組能讓你看清經濟各種複雜面貌的指標——畢竟，這世界上沒有一個一體

適用的指標。

很多指標會基於隨機的原因，而出現極大的逐月波動，這些原因包括異常的風暴，或突然僥倖取得的緊急訂單。此外，由於負責彙編指標的人們，必須快速地將數字彙整出來，在沈重的時間壓力下，很多數據其實都只是粗略估計值，事後都必須加以修正，有時候，修正幅度甚至很大。

最後一點要提醒的是，很多指標，如：房屋銷售數字，都必須進行季節性調整。然而，由於相關的調整技術非常艱深，所以，針對季節性波動所做的調整，常常會有過與不及的情形。

如果你願意分析一整套經過謹慎挑選的指標，就比較能夠排除「統計干擾」（statistic noise）。我們認為，應該參考那麼多項指標的原因很簡單，因為愈多指標指向同一個方向，就代表指標本身所呈現的，確實是較貼近現實的經濟現象，不僅是一種隨機或季節性變化。

根據以下四個簡單條件，我們認為我們選出的指標最好用：

1. **及時性**：如果是過時的資訊，那又何必費時追蹤？

2. **準確性**：如果數據不可靠或經常修正，何必費時追蹤？

3. **獨特性**：如果多數投資人都已經懂得、並已經在使用這項數據，你何必費時追蹤它？

4. **與現實生活中之經濟或投資圈的關聯程度**：如果一項指標無法讓我們判斷出未來經濟走向、目前的經濟狀況，或前一段時間的經濟情況，那又何必追蹤？

我們兩人投入經濟及經濟史的時間,加起來已超過半個世紀,所以,我們很清楚該從哪裡下手。不過,光是這樣並不夠。我們和其他人一樣,也免不了會犯下一般人常犯的錯,所以,我們請了一些同儕——記者、金融市場專家和學者——幫我們檢定一下這份清單。我們將他們的評論詳細記錄下來,並進行必要的調整。真的非常感謝他們對本書的投入。

在選擇指標的過程中,我們注意到一件事:我們所認識的人當中——這群人成天思考經濟狀況和投資事務——也沒有任何一個人,在一開始就完全認得這50個超實用的經濟指標。一點也沒錯!這份清單好像讓每個人都感到非常驚喜。對一個經濟學家來說,那種感覺簡直就像發現聖誕節提前到來似的。

總之,如果你想要知道過去一段時間的經濟狀況、目前的經濟情勢,以及未來的經濟走向——以這本書當出發點就對了。

循序演繹,一次搞懂

我們會用一套標準化的四段式層次,來說明這50個超實用經濟指標。第一段是指標的簡單說明,第二段是一個時間序列圖或其他圖表,第三段為投資策略分析,旨在說明使用這些指標的訣竅。最後,第四段簡要歸納這一項指標的主要特點,同時扼要地說明相關數據能夠在哪裡取得。

物理學領域最著名的公式是愛因斯坦的$E=MC^2$,總體經濟學裡最著名的公式:GDP＝C+I+G+NX(國內生產毛額＝消費+企業投資+政府支出+淨出口)就約當於那個公式的地位。這個公式代表GDP的組成要素,而GDP是經濟學

領域中最獲認同的經濟活動衡量指標。説得更直白一點，這個指標讓我們知道經濟體系，在一個特定季度或年度生產了多少金額的東西。

我們將以這個公式為基礎，**針對GDP四大類組成要素——消費（C）、企業投資（I）**註1**、政府（G）和淨出口（NX）**精選一些經濟指標，並依照其字母順序加以排列。以上四大組成要素含括了經濟體系中發生的每一件事，而我們也針對每一個類別選擇了一些指標。

我們還另外彙整了一類，同時能反映出多樣GDP組成要素之狀態的指標。除此之外，我們也納入最後一類代表通貨膨脹、恐懼和／或不確定性的指標。儘管曾上過基本經濟學課程的人，應該都能理解我們這樣的安排方式，但這也代表本書會先從一些較專業的指標先開始討論。只對較吸引人的章節感興趣的讀者也不用擔心，因為本書結尾的口味比較重，所以，只要用手指頭稍微翻一下書，就可以直接跳過前面的內容，找到自己比較感興趣的部份。本書不是採用線性敘述文體，所以，你不是非得先讀完前面一頁，才能讀下一頁，換言之，你可以隨心所欲地跳著閱讀各個部份。

在研究其中每一項指標時，我們分別採訪了一些經驗豐富、且熟知不同統計數據如何反映基本經濟情勢變化的專家。我們會在文中引用他們的説法和解釋，讓你也能分享他們的智慧，並協助你獲得與整體經濟、投資專業有關的完整知識。就這部份而言，你將發現我們的涵蓋範圍相當廣泛。

我們在每章之初，都採用了幾個很有幫助的「觀察趨勢用途」，來表徵這50個超實用經濟指標的屬性，每個指標

清楚被標示為領先、同時、落後或結合其中幾項特色的標記，以便協助你更快了解它們的屬性。此外，我們也利用醒目的註解，讓你知道還有哪些與該章相關或相似的指標。最後，每一項指標的最後，都具體地檢視了該指標的七項最重要特質：

1. 本指標何時發佈。

2. 本指標何處取得。

3. 本指標分析重點：要觀察這項數據的什麼現象？

4. 本指標意涵：就經濟或特定部門的展望而言，這項指標代表什麼意義？

5. 建議採取的投資行動：要採取什麼投資行動來使自己獲利或防止自己虧損？有些建議非常具體，比方說，什麼情況下要做什麼投資決策，但有些則比較一般性。以最簡單的方式來說，當經濟走向衰退時，應投資較安全的標的，而當經濟逐漸走出谷底時，則應該投資較高風險的標的。為了進一步解釋其他方面，我們在本文最末加了一個比較專業的註解。註2

6. 應用於投資的風險水平：上述投資策略分析的風險水準。

7. 應用得當的可望報酬率：承擔上述風險的潛在利潤，每個「$」符號代表一年10%的高標報酬，同理可證，「$$」即代表一年20%的高標報酬。風險和報酬當然是正相關的，所以，承擔的風險愈高，潛在報酬就愈大。請注意，我們在上一個句子使用了「潛在」二字，換言之，可能的報酬愈高，它就愈不可能成真，希望你能理

解這一點。

要獲得豐厚的投資利潤，一定要搞懂並追蹤這50個經濟指標嗎？那倒不一定，你也可能偶然且幸運地獲得投資下一個Google——那種讓初期投資者致富的科技股的機會。當然，你也可能買到下一個安隆（Enron）或雷曼兄弟控股公司（Leman Brothers），這兩家原本在金融市場上叱吒風雲的大公司目前都已不復存在。

簡單地說，你追蹤的數據愈多，愈能體察到經濟的實際情況。一開始，你可能會被搞得頭昏腦脹，或感覺自己怎麼愈學愈回去了。不過，很快你就會開始看見全貌，投資能力也將漸漸改善。

只要是人，就可能會犯下那種會讓人付出金錢代價的錯誤，你也不例外。然而，如果你善用本書所蘊含的知識，你的那種虧損將會減少，而且，很快就會「逆轉勝」。另外，如果你願意學習傾聽經濟體系的節奏，就能搶在其他多數投資人之前，捷足先登地介入適當的資產類別，你將因此擁有一種獨具的優勢。接下來將解釋的指標能幫助你盡可能把最多資金投入正確的地方，同時盡可能減少錯誤的投資，所以，請繼續閱讀，而且永遠都別停止研究這些指標。

＊ ＊ ＊ ＊ ＊

註1：讀者切勿把「投資」和「企業投資」搞混。企業投資牽涉到購買新機械或建造新廠房，但在某些情境下，投資被用來泛指「投入資金到金融資產或其他資產，期許能獲得經濟利益」的一種活動。舉個例子，在次級市場買進證券，就屬金融投資的一種，但這不是企業投資，因為這種活動不會為經濟體系注入新的淨投資，只是資產所有權被移轉而已。本書從頭到尾都會試著清楚界定，讀者

THE **50** Economic Indicators that Really Matter

可能從事的投資活動,和經濟學家在計算GDP時所用的「企業投資(I)」的差異。

註2:如果你認為名目利率將降低——經濟衰退時通常如此——那就應該買進債券,因為債券價格將因此上漲(名目利率和債券價格呈負相關)。如果你認為名目利率將因經濟擴張或通貨膨脹即將飆漲而上升,應該放空債券(最簡單的作法是賣出,或借一些債券,在高點賣出,等到價格下跌以後,再以較低價買回更多債券,就像以下說明的),因為在這個環境下,債券將受到重創。接著,利用你的新資金去買黃金、房地產,和那些會隨著其他商品漲價而增值的資產,其中有些資產的增值速度甚至會超過物價的上漲。如果經濟情勢看起來將在無通貨膨脹壓力的情況下漸漸增溫,那就買進金融、工業和建築產業等景氣循環股,這些都是不錯的賭注。但相反地,當景氣衰退的陰影逐漸逼近,就可能應該買進諸如食品和公用事業等防禦型股票。而如果情勢顯示恐慌或危機將爆發,國庫券就可能會大漲,一如2008年9月時的狀況。

關於名目利率的部份,如果你不清楚,或基本背景知識有一點不足,你可以參閱萊特(Robert E. Wright)和奎德里尼(Vincenzo Quadrini)合著的《貨幣與銀行》(Money and Banking)。你可以在線上教科書網站「平面世界知識」(Flatworld Knowledge)的《貨幣與銀行》專頁免費讀取相關內容。你也可以在湯瑪斯·威靈協會的網站上,找到非常廣泛的免費金融詞彙說明。

線上閱讀
《貨幣與銀行》
www.flatworldknowledge.
com/printed-book/1634

湯瑪斯·威靈協會
www.augie.edu/
thomaswilling

C

PART 1

看懂消費面數字
CONSUMPTION

這一節將詳細介紹5個消費類指標，包括個人對耐久性產品，如汽車、家具和家電用品的支出，非耐久性產品如食品、衣物和燃料的支出，還有諸如醫療保健、運輸、教育和娛樂等服務的支出。

近幾年來，消費部門大約佔美國經濟規模70%，所以，它是絕對不容忽視的類別。密切追蹤本書這一部所介紹的指標，就能精準掌握這項重要經濟活動之組成要素的脈動。

01

汽車銷售

觀察趨勢用途：經濟走向衰退時為領先指標，景氣復甦時為同時及落後指標（另請參閱"ISM製造業調查"指標）

一旦汽車銷售顯示經濟將趨緩或衰退，那當然要避免投資一些對經濟循環較為敏感的資產。換言之，這時應該捨棄股票，買進政府證券和優質公司債。

顧1953年，通用汽車的老闆查爾斯‧威爾森（Charles Wilson）說過：「對這個國家有利的，就對通用汽車有利，相反亦然。」截至今日，這個道理依舊不變，汽車業（通用汽車或其他公司）對經濟體系而言依舊非常重要，尤其是對製造業。

只要想想製造一輛汽車或卡車需要使用到什麼原料，就能理解這個說法：製造車體表面的鋼板、油漆、擋風玻璃和車燈的玻璃、電路的銅、輪胎的橡膠、塑膠、纖維，甚至內裝的皮革等。這一切的一切，說明了當福特汽車、豐田、通用汽車、克萊斯勒、本田和現代等大型汽車公司在製造和銷售汽車時，很多從屬產業也會生意興旺。

杜克大學富卡商學院的財務學教授坎貝爾‧哈維（Campbell Harvey）說：「這不是一項利基型指標。」也就是說，汽車業並非小眾市場。「汽車產業和很多其他產業的交互關聯性非常高，所以，觀察它的波動，就能大略了解整體經濟的健康狀況。」

對多數人來說，購買汽車或卡車的成本非常高，它可能是某人的一生中僅次於購屋的成本。一輛價值3萬美元的新車（在2010年本書撰寫之際，這並非不合理的價格），將用掉很多人的一大部份年度稅前所得，甚至比某些人一整年的所得還要高。所以，很多人買汽車和卡車時必須借錢。我們可以從民眾借錢買車的情況，揣摩出他們目前對經濟和財務前景的信心強不強。哈維教授解釋：「如果民眾覺得自己被資遣的機率很高，就不會去買車。」

本指標延伸的投資策略

汽車銷售是推斷經濟是否即將陷入衰退的好用領先指標，

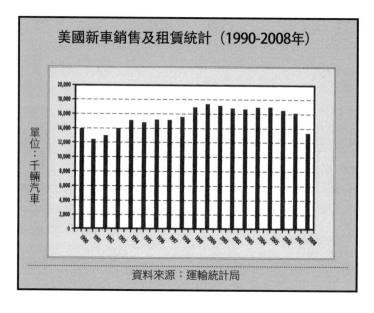

美國新車銷售及租賃統計（1990-2008年）

單位：千輛汽車

資料來源：運輸統計局

因為當民眾缺乏保住自身工作的信心，就比較傾向於延後
買車。但當經濟走出衰退時，汽車銷售卻傾向於落後反
應，因為多數人會等待經濟明顯反轉向上，才會決定要不
要進行這類重大採購。

誠如附圖所示，汽車銷售在經濟陷入2000至2001年的下
降期以前就已先趨緩。在2005年前後的經濟榮景期，汽
車銷售稍微回升，但2007年又大幅下降，因為此時經濟
已開始出現轉弱的跡象。

追蹤汽車銷售的關鍵訣竅之一，是聚焦在新車的銷售和租
賃，因為它最終將驅動經濟體系的其他部門。二手車銷售
實際上並沒有使用到任何新材料，不過，二手車銷售也算
得上一個好用的訊號，畢竟這代表民眾願意買另一輛車。

話雖如此，在分析汽車銷售數據時，真正重要的還是追蹤

趨勢。

哈維教授説：「試著觀察，有沒有一股清晰的動能，一個正向或負向的趨勢。觀察目前、相對於前一段時間的情況，看看兩者是否一致。」

他也説，如果銷售量持續穩步降低，代表經濟有可能陷入一段時間的疲軟期。同理可證，如果趨勢漸漸走高，那代表經濟可能將漸漸改善。但哈維也提到，現代很多人借錢買車的作法，有可能會多少干擾到汽車銷售趨勢的發展，因為在經濟趨緩階段，利率傾向於下降，這會讓貸款人的汽車貸款月付款金額降低，有時候甚至大幅降低，這等於是讓買主的負擔能力提高，而這股新增的負擔能力有時反而會在經濟疲弱時，促使汽車銷售數字上升至超乎預期的水準。

一旦汽車銷售顯示經濟將趨緩或衰退，那當然要避免投資一些對經濟循環較為敏感的資產。換言之，這時應該捨棄股票，買進政府證券和優質公司債。

速查！本指標追蹤要點

■本指標何時發佈：
汽車銷售數據會在每個月的第一個營業日發佈，所發佈的數據，是上個月的銷售數字。

■本指標何處取得：
《華爾街日報》的記者會在不同汽車公司發佈它們的銷售數據時，以新聞快報的方式，在《華爾街日報》線上版上提出報告。當所有數據都發佈後，他們就會發表一篇解釋所有數據與解讀整體產業狀況的完整報導。

華爾街日報
WSJ.com

運輸統計局
Bureau of
Transportation Statistics
http://www.rita.dot.gov/
bts/publications/national_
transportation_statistics/

上《華爾街日報》線上版的「市場數據中心」（Market Data Center）就可快速查到相關數據，上頭也會去比較實際數據和投資人預期數字的差異。當你進入這個頁面，必須在點選「行事曆與經濟」（Calendars & Economy）那一欄，才能找到「汽車銷售」（Auto Sales）的連結。

其他資料來源，還包括運輸統計部的網站。汽車製造商，如：通用汽車、福特汽車、克萊斯勒、現代汽車、本田和豐田汽車，也都會詳細揭露它們的銷售數字。

投資應用摘要
SUMMARY

本指標分析重點:
新車銷售和租賃的降低。

本指標意涵:
民眾因擔憂未來就業情況而逐漸退縮。

建議採取的投資行動:
避免投資通常對經濟循環較敏感的資產，換言之，捨棄股票，買進政府債券和優質公司債。

應用於投資的風險水平: 中

應用得當的可望報酬率: $$$$$

02

連鎖店銷售

觀察趨勢用途：同時指標

想預測經濟走向的人應該密切觀察這項數據，因為消費占整體GDP的比重非常高。

美國人喜愛消費，而消費對我們的整體經濟福祉來說，也是極不可或缺的一環。由於多數人到零售店的目的都是要購買商品或服務，所以，觀察零售銷售就能深刻了解消費狀況的良窳。

雖然零售部門很多數據都要等到現實發生很久以後才能取得，但也有些是非常即時的，而這些數據來自世界各地最有經驗且營運能力卓越的連鎖零售商，包括薩克斯精品百貨（Saks，代號SKS）、服飾品牌The Gap（代號GPS），以及採會員制的連鎖大賣場，比方說BJ（代號BJ）和好市多（Costo，代號COST）等。雖然這些連鎖店銷售加起來，只不過佔零售銷售總額的10%，但這些公司會在每個星期二發佈上一週至星期六為止的銷售數據。

這項數據之所以重要，不只是因為它很及時，還因為連鎖店的營運據點往往分布美國各地，不侷限於特定地區，因此，透過這些數據，就能大致了解全國的消費情況。

此外，連鎖店的員工都是銷售高手，它們會使用最新的銷售技巧，聘請最敏銳的推銷人員。而由於它們的財力雄厚，又擁有非常強大的配銷系統，所以向來都能搶先取得最新開發出來、搶手的新鮮玩意兒。為什麼這一點很重要？因為在這種情況下，如果連有能力取得「新鮮貨」的連鎖大賣場的銷售狀況都不好，那其他零售業者的銷售表現應該也不太可能很好。

基本資料的來源有兩個，且都會在每月發佈數據：紅皮書指數（Johnson Redbook Index，或稱「強森紅皮書指數」）和ICSC-高盛連鎖店銷售（ICSC-Goldman Sachs Weekly US Retail Chain Store Sales Index），其中，後者的數據由美國國際購物中心協會與高盛公司共同編製。

若要取得涵蓋較小型零售商的較廣泛數據，可以參閱美國人口普查局（United States Census Bureau）的月零售銷售報告。

本指標延伸的投資策略

想預測經濟走向的人應該密切觀察這項數據，因為消費占整體GDP的比重非常高。當數據顯示連鎖店銷售增加，那整體經濟的消費部門的表現就可能傾向良好；當連鎖店銷售疲弱、甚至降低，則代表消費部門的情況不佳。

在決定是否要投資零售業股票如薩克斯精品百貨、標靶百貨（Target，代號TGT）和休閒服品牌J. Crew（代號JCG）時，也可以參考連鎖店銷售數據。

不過，使用這項數據時必須很謹慎。總部位於賓州康索荷根的投資銀行——PMG資本公司的資深零售產業分析師克莉斯汀·班茲（Kristin Bents）表示；「如果要根據這項數據買進某一檔股票，你必須真的很高段又很敏銳。」

儘管如此，她仍傳授投資人幾個有用的訣竅。首先，並非所有零售店的銷售數據都對投資人那麼有用。大型零售商的銷售數字會因為很多原因而增加或減少，這些原因包括分店結束營運或開張。所以，要取得真正有用的資訊，必須將新店（開幕不到12個月者）剔除。

想投資零售公司的人，應該觀察開業超過一年的分店銷售狀況。這項數據就是美國所謂的「同店銷售」（英國稱之為「同基礎銷售」）數字，是衡量零售業營運效率的指標之一。這項數據在每個月的第一個星期四發佈，所以，它並不像原始數據那麼即時，但對投資人來說卻有用多了。

班茲說：「在選擇買進一檔股票以前，得先確認它的同店銷售數字呈逐月遞增，而且比去年同期高。」簡單說，這個月的銷售數據必須比去年同期高，同時高於前一個月。

強森紅皮書指數：摘選2007-09年的數據

日期	紅皮書指數（年增減率%）	零售商自訂目標（年增減率%）	銷售額（單位：10億美元）	月增率（%）	預估月增率（%）	零售月份	
						週數	月底日期
7/7	2.89	2.8	17.53	0.12	0.0	4	08/04/07
8/7	2.39	2.0	17.56	-0.32	-0.7	4	09/01/07
9/7	1.99	2.6	17.83	1.17	1.7	5	10/06/07
10/7	2.10	2.3	17.73	-0.45	-0.2	4	11/03/07
11/7	2.39	2.3	17.65	-0.16	-0.2	4	12/01/07
12/7	1.32	1.2	17.80	-0.21	-0.3	5	01/05/08
1/8	0.54	1.1	18.07	-5.64	1.3	4	02/02/08
2/8	0.48	0.7	17.66	-2.33	-2.1	4	03/01/08
3/8	1.06	1.4	17.84	1.60	2.0	5	04/05/08
4/8	1.60	1.8	17.50	-1.42	-1.3	4	05/03/08
5/8	1.82	1.7	17.54	0.47	0.4	4	05/31/08
6/8	2.59	2.8	17.26	-0.86	-0.7	5	07/05/08
7/8	2.92	2.9	17.43	1.31	1.3	4	08/02/08
8/8	1.74	1.6	17.43	-1.14	-1.3	4	08/30/08
9/8	1.25	1.7	17.31	-1.13	-0.7	5	10/04/08
10/8	0.57	0.7	17.36	-0.42	-0.3	4	11/01/08
11/8	-0.91	-0.5	17.41	-1.16	-0.7	4	11/29/08
12/8	-0.95	0.6	17.30	-0.68	0.8	5	01/03/09
1/9	-2.30	-1.8	17.10	-2.68	-2.0	4	01/31/09
2/9	-1.62	-1.9	17.04	0.76	0.4	4	02/28/09
3/9	-0.80	-0.8	16.92	0.09	0.1	5	04/04/09
4/9	0.49	0.3	16.93	1.37	1.1	4	05/02/09
5/9	-0.09	0.2	16.97	-0.34	-0.1	4	05/30/09
6/9	-4.38	-4.2	16.96	-4.34	-4.1	5	07/04/09
7/9	-5.64	-5.0	16.91	-1.62	-0.9	4	08/01/09
8/9			16.58			4	08/29/09

備註：
1. 月增減率經過季節性調整。以當月份來說，紅皮書指數是月初迄今平均值，直到月份結束。
2. 2009年6月時，沃爾瑪已從我們的零售樣本中剔除。

她解釋：「這樣你才能了解它的產品和趨勢，是否好到足以促使顧客每個月都回來消費。」

除此之外，還有一點很重要，必須觀察外界對那段期間同店銷售的預期數字。一家公司的銷售年增率可能不錯，而且逐月上升，但卻低於分析師預期的數字，如果是這樣，它的股價很有可能受創。

班茲提到：「當某家公司的同店銷售數字，這個月比上個月成長、比去年同期高，而且數據還超過市場預期，那才應該買進。」

她也補充，在經濟榮景期，可能可以注意以「一籃子零售股」為價值波動的指數股票型基金（ETF），像是史坦普SPDR零售業ETF（代號XRT）。不過，進入「大衰退」（Great Recession，譯注：此處指2008至2009年金融風暴時的經濟狀況）期後，情況轉變了。她說，目前並非所有零售商的立足點都相同，所以，投資零售業股票時更應精挑細選。

速查！本指標追蹤要點

■本指標何時發佈：
每個月的同店銷售數據，會在每個月的第一個星期四發佈；國際購物中心協會的每週數據及紅皮書數據，則會在星期二清晨發佈。

■本指標何處取得：
《華爾街日報》會密切追蹤零售銷售數字，該報記者會在各項零售銷售數據發佈時，以新聞快報的方式提出報告。你可以查閱報導整個產業的文章，也可以看看和個別公司詳細資料有關的報導。

上《華爾街日報》線上版的「市場數據中心」就能快速找到這項數據以及實際數據和投資人預期數字的比較。你可以在《華爾街日報》市場數據中心網站找到這個數據中心。每個星期二進入這個頁面後，點選「行事曆與經濟」（Calendars & Economy）的「美國經濟事件」（U.S. Economic Events）項目，就能找到國際購物中心協會和紅皮書的連結。

很多公開掛牌的零售商，也會在它們的網站上發佈每個月的同店銷售數據，直接上這些網站也能取得相關數據。

強森紅皮書指數是強森研究公司為其客戶提供的資料，不過，也有一些免費的樣本可取得，可以上它的網站尋找。班茲另建議願意付費者可訴諸市場研究公司零售準則（Retail Metrics），其業主肯恩·柏金斯（Ken Perkins）會提供一份含有全部資料的「超龐大」表格。

投資應用摘要
SUMMARY

本指標分析重點：
確認同店銷售年增率增加（減少），以及月增率有無增加。

本指標意涵：
商店營運良好（陷入掙扎）。

建議採取的投資行動：
當同店銷售年增率的期望值改善（下修），則買進（賣出）。

應用於投資的風險水平：中。

應用得當的可望報酬率： $$$$$

03

消費者信心

觀察趨勢用途：領先指標

當你非常確定消費者信心正逐漸改善，顯然就應該朝零售業尋找投資機會。

美國也許有很多特色，但最重要的特色莫過於它是一個充斥「揮霍成性者」的國度。因此，投資人和經濟學家向來投注很多時間來推斷「消費者」的想法或感受。簡單說，當消費者感覺好一點，就會多花一點錢。

儘管眾人極為關心這個領域，但卻很少經濟指標會直接去問街上的普羅大眾：「你感覺如何？」多數其他指標，都是藉由衡量民眾先前或當下的所作所為，來推敲他們的想法。

不過，還是有兩個機構採納這種直接詢問民眾想法和感受的作法，一個是經濟諮商局，另一個是密西根大學，兩者分別編製消費者信心指數（Consumer Confidence Index）和密西根大學消費者信心指數（Michigan University Consumer Sentiment Index，亦稱密西根信心指數）。

這兩項指數幾乎是衡量同一件事：以經濟術語來說，就是「你目前感覺好不好，對未來又有何感受？」他們透過對一般家庭所做的問卷調查來匯集民眾的想法。

簡單說，這些指標的數字愈高，代表消費者認為經濟將改善，或將繼續高速運轉。舉個例子，如果消費者信心指數從四月的49分上升到五月的55分，代表消費者相信經濟情勢正在改善。相同的，如果數字較低或下降，則代表經濟前景不太妙。

密西根信心調查每個月發佈兩次，第一個數字比消費者信心指數稍微早一點公布。此外，密西根信心調查也被納入其他政府統計數據，所以，它在觀察者心目中的地位也變得更加崇高。

不過，如果你願意深入挖掘表面數字以外的內容，經濟諮商局所彙編的消費者信心指數也很有用。因為它涵蓋了諸如汽車及大型家電等高單價產品消費計劃的調查數據。另外，它也包含通貨膨脹預期的數據，以及不同年齡層及所得水準的受訪者的信心。

不過，這兩項指數都有一個小問題：這兩項指數的波動性都很高，而且有太多雜音，調查結果經常會隨機上升或下降，所以導致外界不容易解讀數據的真正意義。

波動性這麼高的原因之一是，受訪者的心理狀態可能會受很多事影響。舉個例子，汽油價格突然大漲或恐怖攻擊等因素，都可能導致消費者信心嚴重降低。從密西根大學指數圖，便明顯可見它的短期波動性有多高。不過，從這張圖也可看出，當經濟步向衰退，信心通常會劇烈下降。

本指標延伸的投資策略

由於這兩項信心指標的波動性巨大，所以，投資人在使用這些指標時必須非常謹慎。紐約一家投資銀行傑佛瑞公司的首席市場分析師阿爾特・霍根（Art Hogan）說：「我們會嘗試觀察是否形成趨勢，不會只關注某個時間點的數據。」簡單說，不能因為某個時間點的數據很亮麗，就斷定經濟狀況良好。有很多原因可能會促使信心突然跳升，但這並不見得會形成一股可延續的趨勢。霍根說：「試著將單月的數據融合在一起，看看三個月移動平均值，這樣做出來的投資決策會比較明智一些。」

有時候，這個數據確實能精確映射出市場的低點，像是1980年和2001年。不過，相反的，在1981到1982年、1990年和2008到2009年的衰退期，在經濟真正走出衰退

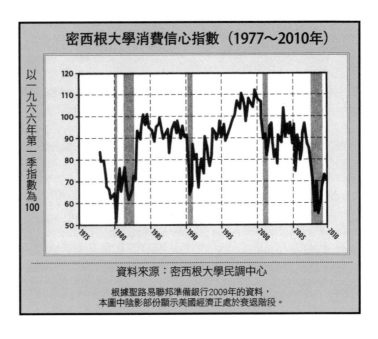

密西根大學消費信心指數（1977～2010年）

以一九六六年第一季指數為100

資料來源：密西根大學民調中心

根據聖路易聯邦準備銀行2009年的資料，
本圖中陰影部份顯示美國經濟正處於衰退階段。

以前，消費者信心卻反覆上升又下降了一到三次。

由於這項數據存在嚴重的「雜音」，所以，在使用這些指標時，最好同時參考其他經濟線索，如本書所列的其他指標。舉個例子，你可以觀察消費者耐久財銷售數據，或銀行是否增加消費者信貸的可取得額度等。

當你非常確定信心正逐漸改善，顯然就應該朝零售業尋找投資機會。霍根表示，當經濟逐漸步出衰退泥淖，他會先觀察消費者必需品的股票，像是銷售基本食品及各式雜貨等必需品的沃爾瑪（Walmart，代號WMT）。接著，他會再轉向銷售裁決型（decretionary）產品的零售商，像是Coach（代號COH）和Tiffany & Co.（代號TIF），這些零售商主要是銷售非絕對必要購買的產品，通常是奢侈品。同理可證，如果經濟情勢似乎正開始走下坡，投資人

因該採取相反的作法，先退出那些奢侈品相關廠商。

速查！本指標追蹤要點

■本指標何時發佈：
每個月最後一個星期二的東岸時間早上10點，經濟諮商局會發佈消費者信心數據，而密西根信心指數的初值會在每個月第二個星期五發佈。

■本指標何處取得：
《華爾街日報》密切追蹤各項消費者信心調查數據。該報的記者會在不同機構發佈相關資訊時，針對這些指標提出一份新聞快報報導。上《華爾街日報》線上版的「市場數據中心」就能快速找到這項數據，以及該數據和投資人預期數字的比較。

進入市場數據中心後，點選「行事曆與經濟」（Calendars & Economy）那一欄的「美國經濟事件」（U.S. Economic Events），就可以在這份行事曆上找到和這兩項消費者信心指數（密西根大學的數字和經濟諮商局的數據）的連結，相關數字分別在第二個星期五和最後一個星期二貼出。

此外，投資資訊網站「投資簡報網」，會在這兩項指標發表時報導相關的數字。聖路易斯聯邦儲備銀行經濟數據資料庫（FRED），也提供密西根消費者信心數據的基本詳細內容。而經濟諮商局的資訊，則可上網站查詢。

市場數據中心
Market Data Center
www.WSJMarkets.com

投資簡報網
http://www.briefing.com

聖路易斯聯邦儲備
銀行經濟數據
資料庫（FRED）
http://research.stlouisfed.org/
fred2/

經濟諮商局
www.Conference-Board.org

THE
50
Economic Indicators
that Really Matter

投資應用摘要
SUMMARY

本指標分析重點:
觀察消費者信心是否連續幾個月上升(降低)。

本指標意涵:
消費者覺得富足(未來一段時間傾向稍微謹慎一點)。

建議採取的投資行動:
買進(放空或賣出)零售類股,優先(後)選擇非裁決型商品的零售商,其次(先)為裁決型產品。

應用於投資的風險水平: 低。

應用得當的可望報酬率: $$$$

04

成屋銷售

觀察趨勢用途：領先指標（另請參閱"新屋銷售"及"銅價"指標）

房價對經濟非常重要，因為它和「財富效果」有關。意思就是，當房價上漲，屋主會覺得自己比較有錢，而那個感受會影響他們對經濟前景的看法。

英國人說「home」時,意思是指他的城堡,而對美國人來說,擁有一間房子卻是他的夢。無論是什麼含意,就很多層面來說,房屋銷售都很重要,因為房屋代表很多人的絕大部份財富,所以,住宅市場情勢對整個國家的心理和消費模式影響甚鉅。

也因如此,經濟學家和基金經理人總是密切觀察全國房地產經紀協會(National Association of Realtor,NAR)的「成屋銷售報告」。顧名思義,從這份報告可看出這個月有多少已有人居住的成屋被賣掉,而這種銷售佔整體房地產市場銷售活動的比例非常高(其餘的部份為「新屋銷售」)。不過,它的重要性不僅止於此!

紐約彭博社(Bloomberg L.P.)的經濟學家之一,喬伊‧布魯蘇伊拉斯(Joe Brusuelas)說:「這份報告裡也會揭示存貨水準,而且提供美國的房屋中間價數據。」

一般來說,房價對經濟非常重要,因為它和「財富效果」有關。意思就是,當房價上漲,屋主會覺得自己比較有錢,而那個感受會影響他們對經濟前景的看法。具體而言,當民眾覺得自己比較有錢,平均來說就會花比較多錢,即使他們的正常所得並沒有任何變化。不過,這卻是一把雙面刃——當房價下跌,就會引發負面的衝擊,導致民眾降低消費,有時甚至大幅縮減支出。

在2005年前後的房地產泡沫時期,這整個現象完全失控。布魯蘇伊拉斯說:「當時的消費者愈來愈依賴不斷增值的房屋,來支應目前與未來的消費支出。」

當時這個現象的形成,並不只是因為消費者感覺自己「更有錢」,他們根本是直接到銀行去,以增值後的房屋重新貸款,並用多借到的錢來支應眼前的消費。房地產的上漲

除了產生「財富效果」以外，還會連帶引發更多直接影響。布魯蘇伊拉斯說：「通常當一個人買了一間房子，就會買新家具、新的家用品和新的電子產品。就這樣，成屋銷售在經濟體系各個環節引發各種迴響。」

本指標延伸的投資策略

房屋銷售向來被視為經濟復甦的關鍵。布魯蘇伊拉斯表示：「房地產是驅動戰後十次經濟衰退轉為復甦的領先要素之一。」他說，這個現象很容易理解，因為「聯準會」（Federal Reserve）通常會在經濟衰退時期降低利率。

對於需要借錢才有能力買房子的人——多數人都是如此——來說，利率的降低會使房貸月付款降低，並因而促使房屋銷售大幅增加。（汽車銷售通常也會因利率的調降而大幅增加）。

布魯蘇伊拉斯表示，但房地產市場泡沫在2008年破滅後，很多人卻懷疑房地產是否仍將像過去一樣，扮演驅動經濟復甦的要角。他個人認為，房地產的貢獻將會降低，但是也絕對不會成為無足輕重的龍套角色。

要判斷房地產市場是否可能在短期內好轉，訣竅之一是觀察「待售房屋存貨水準」。其中，尤其應該觀察「要花幾個月才能以目前售價，將所有待售房屋出清」，這項資訊稱為「待售存貨出清月數」。

顯然，如果「待售存貨出清月數」的數字很低，就可能促使房地產市場好轉，甚至令整體經濟情況好轉；如果這個數字很高，那就相反了，也許房地產市場將每下愈況，經濟情況也會惡化。

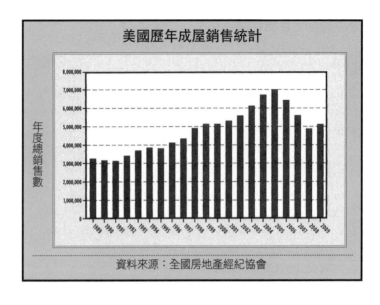

美國歷年成屋銷售統計

年度總銷售數

資料來源：全國房地產經紀協會

速查！本指標追蹤要點

■本指標何時發佈：

成屋銷售數據是在每個月25日前後的東岸時間早上10點發佈。

■本指標何處取得：

《華爾街日報》密切追蹤房地產市場，同時會在全國房地產經紀協會發佈成屋銷售數據後，隨即以新聞快報的方式發表報告。

上《華爾街日報》線上版的「市場數據中心」就能快速找到這項數據，以及實際數據和投資人預期數字的比較。進入網頁後，你必須點選「行事曆與經濟」（Calendars & Economy）那一欄中的「美國經濟事件」（U.S. Economic Events），這樣就能找到「成屋銷售」（Existing Home Sales）的連結。你也可直接上全國房

地產經紀協會網站上的「成屋銷售」網頁查詢相關資料。

另外，「簽約待過戶房屋銷售」（pending home sales）數據也值得追蹤，這是指已簽訂合約，但尚未完成過戶手續的房屋的銷售數字。你可以在全國房地產經紀協會網站上的「簽約待過戶房屋銷售」網頁找到這項數據。你可以利用簽約待過戶房屋銷售數據，來揣摩相對短期內的可能交易活動。

全國房地產經紀協會「成屋銷售」頁
http://www.realtor.org/
topics/existing-home-sales

全國房地產經紀協會「簽約待過戶房屋銷售」頁
http://www.realtor.org/
topics/pending-home-sales

**投資應用摘要
SUMMARY**

本指標分析重點：
觀察成屋銷售有無增加（減少）和存貨水準（以出清待售房地產所需月數來衡量）是否降低（上升）。

本指標意涵：
經濟情況可能翻揚（或步向更深度衰退）。

建議採取的投資行動：
如果房地產市場轉趨活絡，且其他指標也顯示經濟表現強健，那就買進對經濟景氣較敏感的投資標的，如股票。
如果是相反的情況——成屋銷售數據和其他經濟數據顯示經濟趨緩——那大致上來說，應該避免介入股票（尤其是房屋建築商和房屋相關工業類股），並持有現金或購買政府證券，如國庫券。
如果你非持有股票不可，那就選擇對景氣循環較不敏感的股票，包括生產消費性必需品，如洗髮精和肥皂的廠商。

應用於投資的風險水平：中。

應用得當的可望報酬率：$$\$\$$$$

05

未充分就業

觀察趨勢用途：經濟衰退時為領先指標，經濟復甦時為落後指標

當失業率上升，你應該介入防禦型投資標的，比方藥品、食品和酒類：人性的主要支柱。

美國前總統柯林頓曾喊出一個競選口號：「笨蛋，問題在經濟！」但某種程度來說，他有點搞錯了。應該說：「笨蛋，問題在工作機會！」為什麼這麼說？因為對政治人物而言，「經濟疲弱」和「缺乏工作機會」其實是同義詞。

這個問題對投資人來說也很重要，不過，最常被報導的粗略失業率數字卻太遲鈍，不是很好用的指標。如果可以更深入挖掘這個切入點，我們將更能掌握實際情況，從而取得更多的獲利。

衡量有多少人「因找不到全職工作，而勉為其難地從事兼職工作」的未充分就業數字，就比失業率有意思多了。這項指標之所以好用，是因為它能幫助我們透視未來的情況。舉個例子，在實際裁員行動發生前，總工作時數低於正常週工時的員工人數就會開始增加。這是因為在業務剛開始趨緩時，企業經理人通常還不太願意解雇員工。

舊金山一家經紀商——肯特費茲加瑞德公司的市場策略分析師馬克‧佩多（Marc Pado）說：「你將會先試著保護你的勞動力，畢竟你已經訓練他們一段時間，而且也花了不少訓練成本。」經理人深知，如果輕易裁員，一旦公司的業務只是暫時波動而非長期下滑，那當業務突然恢復全速運轉時，將不容易請回原本的員工，且重新訓練新員工的成本也很高。

幸好，美國勞工統計局特別將非全職人員獨立歸為一類，並具體計算「只找得到非全職工作」或「雇主縮減工時而不得已變成非全職員工」的人數。整體而言，這兩種勞工就是所謂的「未充分就業勞工」。其中，經濟學家較重視想要工作更多時數，但卻無法如願的人，較不重視自願減

美國失業與未充分就業的月數據(2007～09年)

臨時性員工，單位：千人

失業率（％）

在失業率上升前，臨時性勞工會先增加

臨時性／非全職員工
失業率

資料來源：勞工統計局

少工時的人，這一點很容易理解。

當然，「解雇潮展開前，非全職工作將增加」的通則也有一些例外。有時候，經理人會直接裁員，而不是先讓員工轉任非全職工作。所以，我們不能因未充分就業員工增加，而推測未來失業救濟金請領人數將等額增加。然而，它卻是顯示經濟將趨緩的一個好指標，從上圖便可清楚見到這個關係。

當經濟步出衰退時，這項指標就比較不那麼可靠。有些雇主一開始會先聘請非全職員工，最後才將這些員工改聘為永久性員工，但多數企業會等到明顯需要全職員工後，才開始增聘員工。所以，在經濟復甦初期，最好是先觀察就業報告中的加班成長情況。如果加班工作的情況連續幾個月強勁上升，代表雇主將可能開始增聘新員工，因為聘新員工的成本終究比加班費低——加班費為正常薪資的1.5倍，且過度加班會讓員工累垮、可能致使工作品質較差。

本指標延伸的投資策略

如果你知道失業水準的未來變化（緊盯未充分就業數字，
便可得知未來失業水準的變化），就可以根據它調整你的
投資方式。成功的關鍵是：了解經濟體系的哪些環節將表
現良好，哪些又將陷入困境。

肯特公司的佩多説：「當失業率上升，你應該介入防禦型
投資標的，比方藥品、食品和酒類：人性的主要支柱。」
他的意思是，即使就業工作機會稀少，但民眾卻仍會持續
購買這些公司的產品，所以，此時買進這些公司的股票是
有道理的。他尤其強調醫療保健、藥品、食品和公用事
業，如汽油和電力，這些企業的盈餘也傾向於非常穩定。

在使用這項指標時，有兩件事必須注意，首先，不要被數
據騙了。佩多説，臨時性工作短期內增加，不見得絕對等
同經濟將趨向衰退。舉個例子，人口普查局每隔10年都會
聘請非常多臨時性員工，但很快地又會將他們釋回就業市
場。你可以觀察本書其他某些指標，以便確認臨時性工作
人數的變化是否真的符合商業循環的波動。

第二，佩多提到，買進防禦型股票的目的是要保護你的資
產，因為當經濟開始走向衰退，多數股票傾向於下跌。他
説：「問題在於，什麼資產跌得少一點。」換言之，防禦
型股票還是可能下跌，只是跌幅可能會比其他較高風險的
股票小一點。

速查！本指標追蹤要點

■本指標何時發佈：
每個月第一個星期五的東岸時間早上8時30分

THE 50 Economic Indicators that Really Matter

華爾街日報
WSJ.com

勞工統計局
www.bls.gov

■本指標何處取得：

《華爾街日報》密切追蹤美國的就業情勢，當相關數據出爐時，《華爾街日報》官網會透過新聞標題和文章詳細報導整體就業情勢。

若要深入挖掘臨時性／非全職／非充分就業的數據，最好是直接上**勞工統計局**的網站，尋找一個標題為「依員工類別與非全職身份分類的受雇者」（Employed Persons by Class of Worker and Part-Time Status）的資料。

一定要謹慎留意：2010年年初，勞工統計局已調整它的某些統計數據。投資人必須注意這些調整，因為唯有每一次都以相同方式收集和表達的統計數據，才能用來做區間比對。這一點很重要，因為不知情的投資人可能會誤將導因於收集方法或表達方法不同，而衍生的數字變化視為經濟情勢的變化。

投資應用摘要
SUMMARY

本指標分析重點：
注意未充分就業人數的增加。

本指標意涵：
經濟正趨向疲弱。

建議採取的投資行動：
買進防禦型股票，如（合法的）藥品製造商食品和酒類產品。

應用於投資的風險水平：低。

應用得當的可望報酬率：$$$$$

PART 2

投資面的
重要經濟指標
INVESTMENT

這一部包含11個主要用來追蹤企業投資變化的指標，以這個脈絡而言，這是指貨架和倉庫存貨投資以及所謂的固定投資──亦即對建築物、汽車、機械，甚至電腦軟體的投資；新住宅──包括小家庭和大家庭型住宅──的興建也包含在投資裡。

企業投資大約佔GDP的15至20%。和消費比起來，這個數字看起來似乎不是很重要，但「投資」的波動性卻很大，所以，它的邊際重要性非常高，也就是說，它其實是最「熱鬧」的環節。

消費者有可能會減少支出，不過，不管未來展望有多糟糕，一般人終究得消費食物、衣服等。相反的，企業並不是非得投資任何新廠房、存貨或軟體不可。相同的，個人也不是非買新房子不可。當未來前景轉趨惡劣，企業就會大幅緊縮，甚至完全不投資。

06

訂單出貨比

觀察趨勢用途：領先指標

就最簡單的角度來說，訂單出貨比高於1.0，代表有利的數字，它代表產業的接單量超出它的生產能力。

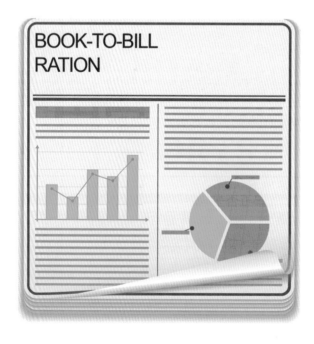

半個世紀前，「幾乎家家戶戶都有電腦」的想法，只是科幻小說才會有的情節，我們要強調「幻」這個字。但是，現在這不僅不是幻覺，而且牽涉到非常大的生意——現在每個人手上都有一台小電腦，包括手錶、桌上及筆記型電腦，還有汽車和電話等。

那些小型電腦的力量來自微處理器，也就是所謂的晶片或半導體，根據本部設在舊金山的一家專業研究公司——全球股票研究公司的科技業分析師崔普‧裴德瑞（Trip Chowdhry）所言，2010年半導體的全球市場規模達3000億至3500億美元。

由於半導體被運用在眾多令人驚豔的家用及企業用小玩意兒，所以，觀察半導體事業的體質，就可約略揣摩出整體經濟的大致狀況，以及較具體的——科技產業情勢。

只要使用衡量訂單及出貨關係的「訂單出貨比」，就可相對輕易地評估出晶片事業的體質。

「訂單」及「出貨」這兩個商業用語（訂單及出貨）有點過時，所以，要了解它們，最好的方法應該是拿一個例子來說明。如果一家公司在某個月爭取到一份生產100個微處理器的訂單，那它的訂單——也就是帳冊記錄的銷售數量就是100。但如果在那一個月，該公司生產並交貨的晶片只有80個，那它的出貨就只有80。而這家公司只有在出貨後，才會開出帳單給顧客。

以這個例子而言，訂單出貨比就是100除以80，也就是1.25，這代表該公司有一些未交貨訂單。雖然這個情況會讓顧客感到生氣，但對這家晶片公司而言，這卻是一個好狀態。

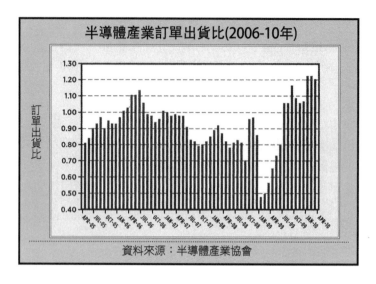

資料來源：半導體產業協會

北美的「半導體產業協會」（Semiconductor Industry Association）為整個產業彙編了一份訂單出貨比報告，這項數據不是單一企業的資料。我們可以透過這項比率得知，這整個產業是否有未交貨訂單，還是說它生產的晶片超過顧客需求。

本指標延伸的投資策略

就最簡單的角度來說，訂單出貨比高於1.0，代表有利的數字，它代表產業的接單量超出它的生產能力。

裘德瑞說：「那代表產業處於擴張期。」換言之，科技產業為了生產各種玩意兒，如個人電腦、iPad、手機、汽車和伺服器等，對半導體的需求因而增加，並使整個半導體產業衍生出未交貨訂單。

相反的，當時機轉趨惡劣，晶片製造商就會有剩餘產能，

所以，它們製造的晶片數就會超過顧客目前需要的數量，這對產業乃至整體經濟狀態來說當然是不利的訊號。

快速觀察一下本章附圖，就可看到訂單出貨比在「大衰退」時期陡峭下滑。它在2009年1月下降到0.47的低點，意思就是，晶片製造商的微處理器產量高達其銷售量的兩倍。這反映出經濟情勢的險峻。關於那些產出但未售出的晶片，廠商理當是以存貨來處理，寄望時機好轉時再出售。

當時的經濟局面異常嚴峻，不過，接下來幾個月，訂單出貨比趨勢逆轉，領先整體經濟好轉。到2009年7月，訂單出貨比已超過1.0，這代表整體產業已經開始有未交貨訂單。訂單出貨比超過1，意味來自整體經濟體系的需求非常強，也就是說——整個經濟世界已更換機器設備，並開始恢復正常運轉。

不過，使用這項指標時必須很謹慎，不要做太多假設，尤其是在看待特定個股時。裘德瑞表示，當訂單出貨比超過1.0，顯示手機產業、個人電腦市場和電腦伺服器（網際網路力量的來源）等產品的接單狀況良好。這個資料點可作為買進特定個股的支持論據之一，但它畢竟只是資料點之一。裘德瑞說，光看這一項並不夠。

另外，有關訂單出貨比，必須切記的另一點是：長期下來，存貨管理哲學已經改變。裘德瑞說，「精簡存貨」是當前的大趨勢，這和過去的作業已經截然不同。他說，這代表長期下來，不同期的訂單出貨比數字可能已經無法直接做比較——儘管如此，高於1.0仍舊是有利的訊號。

半導體產業協會
www.sia-online.org

半導體
設備與材料協會
www.semi.org

速查！本指標追蹤要點：半導體訂單出貨比

■本指標何時發佈：
大約在月中時公布上個月的數字（例如8月中時發佈7月的數字）

■本指標何處取得：
訂單出貨比是由半導體產業協會發佈，你可以上它的網站查詢，相同的資訊也可以在半導體設備與材料協會（SEMI）的網站找到。

投資應用摘要
SUMMARY

本指標分析重點：
訂單出貨比向上突破（向下跌破）1.00。

本指標意涵：
經濟正逐漸加溫（降溫）；晶片製造產業表現良好（陷入不同程度的掙扎）

建議採取的投資行動：
若其他指標也呼應訂單出貨比的方向（這是必要條件），買進（賣出）晶片製造商股票。

應用於投資的風險水平：中至高。

應用得當的可望報酬率：$$$$$或$$$$$$,取決於你選擇的策略。

07

銅價

觀察趨勢用途：領先指標

如果銅價處於高檔且持續上漲，那就代表經濟擴張的訊號；如果銅價維持高檔但價格卻不見進展，代表經濟也許將趨向遲緩。

投資界流行一句座右銘:「銅是擁有經濟學博士學位的金屬。」為什麼這麼說?其實關鍵不在於這項金屬本身,而是它的價格清楚反映經濟情況。

整體而言,如果銅價位於相對高檔且持續上漲,就代表工業經濟狀況良好。如果銅價位於低檔且持續下跌,代表製造業的正艱苦度日。為什麼?根據總部設在聖安東尼奧的美國全球投資者公司的投資長法蘭克·荷姆斯(Frank Holmes)所言,:「因為銅的某種物理特性,讓它成為工業經濟領域的骨架。」荷姆斯指出,銅價和房地產市場的體質、基礎建設支出及製造業息息相關。

相關的緣由如下:銅的供給相對穩定,而且通常不太會受銅價水準變動的影響,所以,當需求增加──住宅或商業電線的使用──它的價格就傾向於上漲,這就是銅價和經濟活動趨勢非常一致的原因。

好消息是,在短時間內,銅和整體經濟之間的這種密切關係應該不會改變。銅是目前最容易取得,且成本效益最高的導電體之一,而且,在可預見的未來,它的這個地位似乎不可能動搖。(黃金的傳導性比銅好,但就多數用途而言,黃金卻完全沒有成本效益可言。)

另一方面,以鋁做為房屋和辦公室電線,向來容易產生一個缺點:它很容易起火。銅除了被使用在建築物的電線,也是製造汽車和小型家電的重要材料之一,關鍵在於它的電及熱傳導能力。

本指標延伸的投資策略

美國全球投資人公司的投資組合經理布萊恩·希克斯(Brian Hicks,荷姆斯的同事)說,觀察銅價有助於預

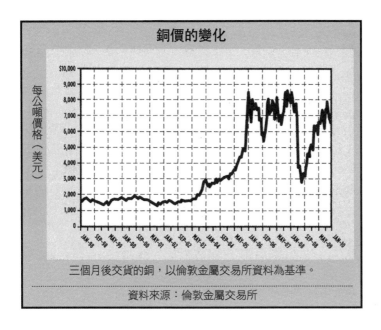

銅價的變化

每公噸價格（美元）

三個月後交貨的銅，以倫敦金屬交易所資料為基準。

資料來源：倫敦金屬交易所

測經濟衰退。事實上，希克斯還進一步解釋，目前（21世紀初）銅的供需平衡極端緊繃，那代表銅價比以前更容易受供需變化的影響。

他說，觀察銅價的關鍵是尋找趨勢。如果銅價處於高檔且持續上漲，那就代表經濟擴張的訊號；如果銅價維持高檔但價格卻不見進展，代表經濟也許將趨向遲緩。

誠如近期的例子所顯示，2010年年初，希克斯注意到銅價開始從高檔下滑，他認為這可能是因為中國經濟開始趨緩。由於銅價下跌和其他因素證實了他的疑慮，所以，希克斯順利在市場還處於高點時，大量賣出他持有的銅相關投資標的。等到市場終於體察到希克斯的世界觀，相關標的的股價早已下跌，而他也早已出清持股了。

希克斯表示，所謂的高價是指每磅3美元或每公噸6600美

元左右。如果銅價低於每磅2美元或大約每公噸4400美元，就被視為低價，這也低於銅的多數新供給來源的開發成本。

在觀察銅價時，應該注意一個問題：有時候銅價的突然大漲和經濟情勢不見得相關，所以不代表經濟將改善。取而代之的，那樣的波動有可能只是地震引起，或由於工人的某些行為導致這項金屬的供給受到干擾。在這些情況下，銅價通常會在銅恢復全能生產後下跌，但這也不代表經濟將步向衰退，只不過是銅市恢復正軌罷了。

速查！本指標追蹤要點

■本指標何時發佈：
每個營業日

■本指標何處取得：
《華爾街日報》的記者密切追蹤工業金屬市場，一旦發生任何值得注意的價格波動，就會提出報導。

如果你只是想取得價格資料，可以上《華爾街日報》線上版的市場數據中心。進入網頁後，你必須點選「商品與期貨」（Commodities and Futures）那一欄中的「金屬」（Metals）。

你也可以在很多其他來源找到銅價的資料。倫敦金屬交易所的網站也有資料，它是全球銅交易的主導者；相同的，芝加哥商品交易所集團的紐約商品交易所（COMEX）也有銅價的數據。另外，你也可以在「Kitco金拓」找到銅價的資料，這是專門提供金屬市場資訊的商業網站。

不管你使用哪一個來源的資料，一定要採用固定的標竿價

格（benchmark price）。LME的標竿價格是三個月期貨價（也就是三個月後交貨的銅的價格）；COMEX的標竿交貨價格則是不斷變動，所以，新手比較不容易透過它的資料掌握實際的價格波動趨勢。

若需要進一步參考資料，可以上世界金屬統計局（World Bureau of Metal Statistics）的專利資料庫。另外，想要節省預算的投資人可以從國際貨幣基金（IMF）主要商品價格網取得一些歷史資料。

世界金屬統計局
World Bureau of Metal
Statistics
www.worls-bureau.com

國際貨幣基金（IMF）
主要商品價格網
http://www.imf.org/external/
data.htm

投資應用摘要
SUMMARY

本指標分析重點：
銅價有無上漲（下跌），尤其是高於每磅3美元或低於每磅2美元。

本指標意涵：
房地產業與製造業正加速前進（趨向艱困），經濟景氣將同步發展。

建議採取的投資行動：
如果你確定銅價波動是因為需求的增加（減少）所驅動，而不是因為供給面有突發狀況，那就投資（退出）銅和製造業股票，同時「以經濟將擴張（萎縮）的基本假設」來重新調整你的投資組合。

應用於投資的風險水平：高。

應用得當的可望報酬率：$$$$$

08

耐久財訂單

觀察趨勢用途：領先指標

耐久財訂單中的資本設備支出數字，可以視為衡量企業界對景氣的實際行動，而非口頭宣示。

談到推斷未來，觀察企業和消費者對「高單價產品」的支出——也就是所謂的耐久財——就可察覺很多端倪。

對消費者來說，「耐久財」通常是指冰箱、冷凍庫、洗衣機和洗碗機等。由於一般預期這些產品的耐用年限較長，所以被稱為「耐久財」。另外，這些產品的單價通常也較高，所以，消費者必須自信在花掉幾百美元購買單一用途產品之餘，還有能力應付其他預算支出，才會出手買這些產品。

至於企業方面，耐久財通常是指資本設備。以外行人的說法而言，那代表可用來製造生財產品的機器。它也可以是一架飛機，如波音747噴射機，這種產品非常高價。

一如消費者耐久財，資本設備訂單也被視為衡量信心的標準。如果企業設備訂單很高，或正在上升，代表整體商業界愈來愈有信心。

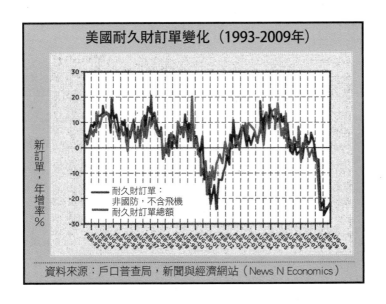

美國耐久財訂單變化（1993-2009年）

新訂單，年增率%

耐久財訂單：
非國防，不含飛機
耐久財訂單總額

資料來源：戶口普查局，新聞與經濟網站（News N Economics）

THE
50
Economic Indicators
that Really Matter

總部位於紐約的洛德阿貝特資產管理公司的首席經濟學家及市場策略分析師米爾頓·伊茲拉帝（Milton Ezrati）說：「它顯示商業界人士開始把自己的錢投入有風險的業務，從它可看出商業界的哪些部份營運狀況良好。」

更具體而言，如果商業界不認為它很有可能爭取到足夠顧客來購買新機器將生產的產品，它可能就不會訂購通常要價不斐的新機器。

本指標延伸的投資策略

關於這項指標，必須注意一個重要的問題：耐久財訂單總額指標會將非常昂貴的國防產品，如戰艦和噴射戰鬥機，納入它的統計範圍。這些項目會隨著政府的想法而大幅波動，所以，我們通常無法利用它明確掌握經濟的真實情況，也無法用它來判斷民間部門的經濟能否繼續成長。

幸好，我們很容易就可以排除這些大型國防部門採購項目，另外，也可以輕易剔除飛機訂單對這項指標的影響。飛機的金額通常非常大，而且有時候似乎沒有特定脈絡可循，所以，當你試圖解讀耐久財訂單數據時，可能會被飛機訂單誤導而犯下大錯。

伊茲拉帝提到：「即使你剔除飛機訂單，這項指標的每個月波動還是很大，它總是起伏不定。」所以，他建議在觀察上個月數據時，也應該參考三個月和五個月的移動平均數字，他說，這樣就能看出是否有向上突破或向下跌破趨勢的情況。

但一般來說，強勁的耐久財訂單，傾向於代表對股票有利的訊號，伊茲拉帝說：「它有助於支撐整體經濟。」

伊茲拉帝說，他會進一步深入挖掘，特別注意其中的資本設備支出數字，這項數字是用來衡量企業界的實際行動，而非口頭宣示。他說，這項數字可用來觀察企業界人士的心理狀態，這是其他某些指標所無法提供的線索。如果伊茲拉帝透過這項數據而認定經濟正開始復甦，他便會試著在股票市場裡尋找適合的投資標的。

他說：「如果耐久財訂單的各項組成要素大致顯現強勁的數字，那代表整體經濟也將轉強。」在那樣的情況下，應該可以留意會隨大盤指數如史坦普500指數，或以耐久財製造商（如大型製造業綜合企業奇異公司）為重心的指數波動的投資標的。

伊茲拉帝說，儘管如此，還是要密切注意股價的水準。換言之，即使經濟狀況逐漸改善，介入已過度超漲的投資標的一樣是不智的。

速查！本指標追蹤要點

■本指標何時發佈：
每個月大約26日前後的東岸時間早上8點30分。這項數據代表上個月的情況。

■本指標何處取得：
《華爾街日報》的編輯和記者都會密切追蹤耐久財市場的狀態。當戶口普查局一發佈這項數據，該報記者就會以新聞快報的方式，在《華爾街日報》線上版發出報導。

如果這就是你要的數據，可以上《華爾街日報》線上版的「市場數據中心」找。進入網頁後，你必須點選「行事曆與經濟」（Calendars & Economy）那一欄中的「美國經

華爾街日報
WSJ.com

美國戶口普查局
www.census.gov\
manufacturing\m3

**美國戶口普查局的
歷史資料庫**
www.census.gov\
manufacturing\m3\
historical_data\index.html

投資簡報網
http://www.briefing.com

濟事件」（U.S. Economic Events），就可以找到「耐久財訂單」（Durable Goods Orders）。

另外，你也可以直接到這項資料的來源：美國戶口普查局，歷史資料則可以在美國戶口普查局的「歷史資料庫」中找到。

如果你要的是簡化且容易使用的版本，可以試試「投資簡報網」的免費「投資人」（Investor）欄裡的「經濟行事曆」（Economic Calendar）。

投資應用摘要 SUMMARY

本指標分析重點：
確認不含國防及飛機採購的耐久財訂單持續上升（下降）三到五個月。

本指標意涵：
近期內經濟可能成長（萎縮）。

建議採取的投資行動：
作多（放空）一籃子廣泛的股票，如史坦普500指數。另外，比較有冒險精神的投資人也可以考慮買進（賣出）特定耐久財製造商，如奇異公司。

應用於投資的風險水平：
中到高，取決於選擇的投資策略分析。

應用得當的可望報酬率：
$$\$\$$$，若是選擇個股，則是$$\$\$\$$$

09

房屋建築許可及新屋開工數

觀察趨勢用途：領先指標（另請參閱"銅價"及"新屋銷售"指標）

記住，多數人得靠借錢才買得起房子，而若購屋者願意借錢，顯示他們有信心能長期保住自己的工作和所得。

買房子對多數人來說都是一種大型採購。對某些人來說，更是巨大的採購。所以才有人說美國夢就是擁有自己的房子。請特別注意其中的「夢」字：對很多人來說，買房子依舊不切實際得像個夢境。

房屋是消費者耐久財中的一個特殊項目，因為房子的耐用年限更長。從開始興建到完工，通常要至少花1年。

我們觀察這兩項指標的原因是，申請房屋建築許可的數字增加，以及這些房屋的開始興建（亦即開工），代表人們對近期和中期內的經濟情況有信心。畢竟，除非建築公司認定民眾有信心買房子，否則他們通常不會輕易興建新房屋。記住，多數人得靠借錢才買得起房子，而若購屋者願意借錢，顯示他們有信心能長期保住自己的工作和所得。

在經濟衰退的谷底期，借錢的成本通常非常低，而那可能意味買房子比租房子划算。於是，循環從這裡展開：便宜的資金將引誘想買房子的買家出現，而房屋建造商深知會有這個發展，所以，他們根據這項預測而興建房屋。

新屋開工數和已核發的房屋建築許可數上升，清楚意味整體經濟性投資將開始增加，因為建築商必須採購木材、磚塊、水泥、屋頂材料、水管等來蓋房子。總之，房地產行業的復甦，可能會讓很多不同產業恢復正常運轉。

相反亦然。在多數經濟擴張時期，借錢的成本會隨著經濟體質的漸漸改善而上升。這會衍生一個衝擊效果：新建築活動減緩，進而使經濟趨緩。

本指標延伸的投資策略

通常已核准的建築許可數和新屋開工水準，會在經濟狀況

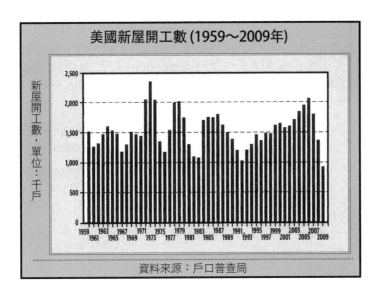

美國新屋開工數 (1959～2009年)

新屋開工數，單位：千戶

資料來源：戶口普查局

改善「之前」就開始增加。另外，通常在經濟趨緩或陷入
衰退前一段時間，這個部門就會領先穩定下滑。由於它們
的波動領先整體經濟變化，所以，我們認為房屋建築活動
是一項領先指標。

在此，請特別留意，雖然房屋市場通常會在經濟循環好轉
前開始改善，但這個情況並未在2009年開始的經濟擴張
期裡發生。那是因為經濟進入「大衰退」時期以前，房地
產市場明顯泡沫化，所以，儘管後來經濟恢復擴張，房市
也不見起色，但這是嚴重泡沫化後的特殊發展。以下我們
所描述的都是一般正常狀況，因為我們希望本書的內容適
用於很多商業循環，而不是只適用於上一個循環。

有很多方法可以利用房地產市場的起伏來獲取利益。不
過，首先必須釐清這個部份的景氣是在改善或惡化。

總部位於紐約的藍石研究公司首席投資策略分析分析師溫

尼‧卡達蘭諾（Vinny Catalano）說：「不要只看一個月的數值，而是要觀察趨勢。」卡達蘭諾建議投資人至少要觀察幾個月的數值，先釐清整體趨勢後，再到股票市場尋找投資機會。

當房地產市場復甦，最明顯領先好轉的是房屋建築公司。卡達蘭諾指出，此時SPDR史坦普房屋建築商指數股票型基金（代號XHB），是適合介入的首選標的。所謂XHB的價值，取決於一籃子房屋建築商股票的價值。當房地產部門表現良好，這些股票也會跟進。這裡所稱的「一籃子投資法」適用於多數人，因為這個方法讓你得以規避「選對產業但卻挑錯個股」的風險。

然而，卡達蘭諾也提醒，影響股票價值的因素還很多，像是利率和整體經濟情勢等。他補充：「在確認房地產市場景氣已復甦的數據出爐前，房屋建築商的股價可能就已先反映未來前景好轉而上漲。」除了房屋建築商股票，卡達蘭諾也建議可以觀察其他類股。舉個例子，他建議可以考慮投資生產房屋結構材料的木材公司，和採掘銅（生產電線）的採礦公司。

速查！本指標追蹤要點

■本指標何時發佈：
大約在每個月16日前後的東岸時間早上8點30分。這項數據是報導上個月的情形。

■本指標何處取得：
《華爾街日報》的編輯和記者都會密切追蹤房地產市場的情況。當房屋建築許可和新屋開工數等數據一發佈，該報記者就會以新聞快報的方式，在《華爾街日報》線上版上

提出報告。

如果這就是你要的數據，可以上《華爾街日報》線上版的「市場數據中心」。進入網頁後，你必須點選「行事曆與經濟」（Calendars & Economy）那一欄中的「美國經濟事件」（U.S. Economic Events），就可以找到「新屋開工數」（Housing Starts）的連結。

如果要找建築許可的數據，就要訴諸原始資料來源──戶口普查局房屋建築與新屋相關資訊的網頁，這個機構平常也要負責追蹤美國的人口紀錄。

市場數據中心
Market Data Center
www.WSJMarkets.com

戶口普查局房屋建築與新屋相關資訊
http://www.census.gov/
construction/nrc/

投資應用摘要
SUMMARY

本指標分析重點：
確認建築許可連續幾個月上升（下降）。

本指標意涵：
經濟正在加溫（降溫）。

建議採取的投資行動：
直接買進（放空）房屋建築商股票，或間接買進（賣出）指數股票型基金，如SPDR建築商指數股票型基金。

應用於投資的風險水平：
如果是ETF，風險屬中等，若是選擇個股，則風險較高。

應用得當的可望報酬率： $$\$\$\$\$$或$\$\$\$\$\$$

10

工業生產與產能利用率

觀察趨勢用途：同時、領先指標

當企業愈來愈接近最大產能，公司老闆就會發現，公司愈來愈無法以現有資源來管理整個企業。

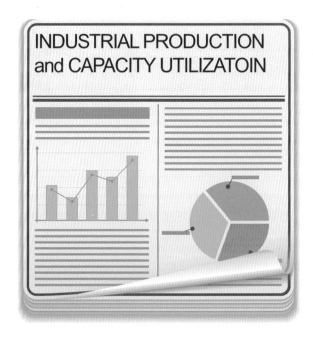

看著某些群眾煽動者和政治人物悲悼工業經濟現況的樣子，你應該也不由得會以為美國各種產品的生產活動即將完全停擺。不過，美國的生產活動還沒有死。美國的工業產出總值共約1.7兆美元，超過GDP的十分之一，它依舊是整體經濟體系顯著且重要的一環。

也因如此，敏銳的投資人和知識界的經濟學家，都還是會密切注意製造部門的體質。他們藉由追蹤兩個密切相關的經濟指標來觀察製造業景氣：工業生產和產能利用率，我們將這兩者合起來一起介紹。

「工業生產」是衡量經濟體系每個月生產多少有形的東西。工業生產包括各式各樣的產品，包括處方藥、手機、電視，到金塊、鋼錠和木板。它被視為一種同時指標，因為它的表現通常不會領先或落後整體經濟狀況。

相反的，「產能利用率」則是指實際工業產出，相對所有

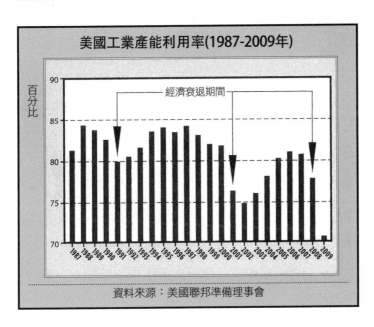

資料來源：美國聯邦準備理事會

工業公司每一個廠房全部都投入24小時全速運轉的最大量產出（呼！光聽就覺得累）的比例。產能利用率是以百分比數字報導，最高可能利用率是100%。這個指標也是評估工業經濟現況的好指標：利用率百分比愈高，代表經濟愈健康。產能利用率上升被視為正面的企業營運訊號，因為它代表企業並未放任機器和其他資產閒置。

本指標延伸的投資策略

從下表可知，產能利用率及工業生產確實明顯隨著整體經濟上升與下降。美國在1990到1991年、2001年和2008到2009年的經濟衰退期，產能利用率都大幅降低。值得一提的是，經濟衰退結束後一個月，產能利用率便見增加。下表是產能利用率的一些月數據，陰影的部份代表經濟衰退期。

年度	一月	二月	三月	四月	五月	六月	七月	八月	九月	十月	十一月	十二月
2000年	82.3	82.4	82.4	82.6	82.5	82.3	81.8	81.4	81.5	80.9	80.7	80.1
2001年	79.3	78.6	78.1	77.7	76.9	76.2	75.7	75.2	74.7	74.1	73.6	73.5
2002年	73.7	73.6	74.1	74.2	74.5	75.2	74.9	75.0	75.0	74.9	75.2	74.9

產能利用率也可能被用來探究未來的情況，主要用法有兩種：首先，高產能利用率傾向於意味未來企業投資將增加、可能增聘員工，以及增加資本設備新訂單（生產更多產品的新機器）。當企業愈來愈接近最大產能，公司老闆就會發現公司愈來愈沒有能力、以眼前僅有的資源來管理整個企業。

費城的PNC財富管理公司的首席投資策略分析分析師比爾·史東（Bill Stone）説：「於是，企業藉由聘僱員工

和採購更大、更精良的機器來填補這個（資源）缺口。」

在這個環境下，供應工業機械的企業將會有良好的表現。史東說：「想想看供應資本設備的廠商有哪些？」他主要是指康明斯公司（Commins Inc.，代號CMI）、ABB有限公司（ABB Ltd.，代號ABB）、福陸公司（Fluor Corporation，代號FLR）和它們的競爭者等。值得一提的是，他說這個產業的盈餘和股價都傾向於維持激烈的循環性波動，所以對投資人而言，進／出場時機非常關鍵。

除了考慮投資個別公司，投資人可能也應該留意會跟隨這個產業的一籃子股票波動的指數股票型基金，例如先鋒工業指數股票型基金（Vanguard Industrials ETF，代號VIS）。這一檔基金並非百分之百複製這個產業的結構，不過，大致上非常相近。

第二個利用這項資訊的方法，是用它來進行預測；史東解釋：「當產能利用率愈來愈接近它的較高區間，就得開始擔憂成本壓力的問題（即投入原料的價格上漲）。」雖然理論上來說，產能利用率可能達到100%，但實際上的數字通常不會超過85%的上下區間。史東提到，1970年代時，產能利用率曾接近90%，導致當時的成本壓力大增。

為什麼會這樣？史東認為，當企業的工廠愈接近全能運轉，他們就會愈大膽提高對顧客的售價。不過，當所有企業都這麼做時，就會導致成本全面竄升。

PNC公司的史東說：「這時，你可能應偏好將受惠於原料成本上漲的原物料商品公司，而非因成本上升而受害的公司。」在這種情境下，有兩個投資標的會有不錯的表現：先鋒原料指數股票型基金（代號VAW）和iShares公司的史坦普北美天然資源指數股票型基金（代號IGE），這兩

者都是隨著一籃子天然資源及商品相關的標的股票波動。

速查！本指標追蹤要點

■本指標何時發佈：

大約在每個月15日前後、東岸時間早上9點15分發佈上個月的數據。

■本指標何處取得：

《華爾街日報》的編輯和記者都會密切追蹤工業生產。當有關它和產能利用率的新聞一發佈，該報記者就會以新聞快報的方式，在《華爾街日報》線上版上提出報告。

如果這就是你要的數據，可以上《華爾街日報》線上版的「市場數據中心」。進入網頁後，你必須點選「行事曆與經濟」（Calendars & Economy）那一欄中的「美國經濟事件」（U.S. Economic Events），就可以找到「工業生產」（ISM Manufacturing）。

另外，你也可以上美國聯邦準備理事會（聯準會）找工業生產和產能利用率的數據，你可以在「當前資料區」找到最近一期的資料，舊資料則要到「歷史資料區」找。

投資應用摘要
SUMMARY

本指標分析重點：
觀察產能利用率是否上升（下降）。

本指標意涵：
當企業投資增加（降低），經濟很快就會跟隨它的腳步（復甦或衰退）。

建議採取的投資行動：
購買（放空）資本設備供應商如福陸公司的股票或適當的ETF。

應用於投資的風險水平： 中到高。

應用得當的可望報酬率： $$\$\$\$\$\$$或$$\$\$\$\$\$\$$

11

供應管理協會(ISM)
製造業調查

觀察趨勢用途：領先指標（另請參閱"費城聯邦儲備銀行：商業展望調查"；"工業生產與產能利用率"指標）

透過美國各地製造業公司採購經理人的觀點，你將可窺看經濟體系製造業部門的體質。

INSTITUTE for SUPPLY
MANAGEMENT (ISM)
MANUFACTURING SURVEY

製造業佔整體經濟規模的百分比雖已今非昔比，不過，它還是很重要，所以，投資界還是有很多人會密切注意每個月發佈的一份調查：供應管理協會製造業調查。這項調查的目的是要透過美國各地製造業公司採購經理人的觀點，來衡量經濟體系製造業部門的體質。

不管是什麼樣的製造商，採購經理人都很重要，因為若沒有他們，就不會有原料可用來生產成品和半成品。這些經理人的多數時間都是花在預測所屬組織的原料需求，預測完後，再決定要向其他廠商購買多少數量的哪些產品。

舉個例子，福特汽車公司的採購經理人可能需要購買鋼鐵、油漆、擋風玻璃和輪胎等供工廠生產汽車。他們會根據公司對未來一個月的車輛銷售數字預估值，購買足夠的原料。所以，從採購經理人對公司業務現況的感受，便可清楚了解經濟的整體狀態。

供應管理協會會向20個大型產業裡的400家公司調查，有關新訂單、生產、聘僱、供應商績效、存貨、原料價格、未交貨訂單，進口和出口等項目。接著，再根據新訂單、生產、聘僱、供應商績效和存貨的數據，編製採購經理人指數（PMI），這就是供應管理協會的主要代表數字。

總部位於紐約的投資銀行摩根史坦利（Morgan Stanley）的策略分析師蘇菲亞·卓索斯（Sophia Drossos）表示，投資人應該設法了解PMI是處於擴張或萎縮期。當這個數字高於50，代表製造業正處於擴張狀態，若低於50，則意味該部門正陷入萎縮。

不過，必須注意一個重點：供應管理協會以前被稱為「全國採購經理人協會」（NAPM）。所以，如果你在舊的新聞報導裡看見NAPM的字眼，必須知道它代表什麼意思。

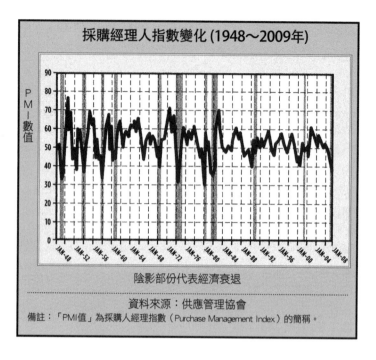

採購經理人指數變化 (1948～2009年)

PMI數值

陰影部份代表經濟衰退

資料來源：供應管理協會

備註：「PMI值」為採購人經理指數（Purchase Management Index）的簡稱。

本指標延伸的投資策略

在分析ISM指數時，一定要深入探討它的內涵，不要只看主要數字。原因是，儘管這個主要數字非常重要，但附屬指數甚至更有助於我們看出未來的發展。

卓索斯說：「你可以觀察『新訂單（指數）』，它是推斷未來經濟活動的領先指標。」換言之，如果新訂單數字強勁──超過50──代表未來的製造業活動也可能會很不錯。

她還指出，「聘僱指數」是衡量製造業就業市場體質的重要指標。當然，如果這個數值高於50，代表製造業聘僱是

成長的。

她說：「當那幾個數字（主要數字、新訂單和聘僱指數）同時擴張，代表製造業經濟是成長的。」卓索斯也補充，在那樣的環境下，將對所謂的高貝他值（beta）資產——也就是極容易受經濟體質變化影響的投資標的——有利。具體而言，當製造部門體質良好且持續擴張，通常代表股票表現會不錯，但債券則不理想。

速查！本指標追蹤要點

■本指標何時發佈：
每個月第一個營業日的東岸時間早上10點前後，便可在它的網站取得這項報告。

■本指標何處取得：
《華爾街日報》的編輯和記者都會密切追蹤ISM數據。當有關它的新聞一發佈，該報記者就會以新聞快報的模式，在《華爾街日報》官網上提出報告。

如果這就是你要的數據，可以上《華爾街日報》線上版的「**市場數據中心**」找。進入網頁後，你必須點選「行事曆與經濟」（Calendars & Economy）那一欄中的「美國經濟事件」（U.S. Economic Events），就可以找到「ISM製造業」（ISM Manufacturing）的連結。

另外，你也可以到發佈這項資訊的來源——供應管理協會的網站找。只要上它的網站，任何人都可以取得它的製造業調查資訊。此外「**投資簡報網**」也大約會在同一個時間，即時提供這項數據的概要內容。雖然這個網站主要只供它的用戶使用，但「投資人」（Investor）那一欄是免費的，而且，光是這部份就已經能滿足多數目的了。

華爾街日報
WSJ.com

市場數據中心
Market Data Center
www.WSJMarkets.com

供應管理協會
www.ism.ws

投資簡報網
http://www.briefing.com

THE
50
Economic Indicators
that Really Matter

投資應用摘要
SUMMARY

本指標分析重點:
確認PMI、新訂單與聘僱指數均上升,且數值超過臨界點50。

本指標意涵:
製造部門正在成長,經濟有可能隨之擴張。

建議採取的投資行動:
買進高貝他值的證券,如一次購買很多股票,尤其是和製造業息息相關的股票。

應用於投資的風險水平: 高。

應用得當的可望報酬率: $$$$$

12

供應管理協會(ISM)
非製造業調查

觀察趨勢用途：領先指標（另請參閱"ISM製造業調查"指標）

1990年代末期才開始彙編的本指數，較適合整理成圖表、密切觀察圖表的變動，留意數據是否維持在一定水平之內，而非觀察本指數的動態趨勢。

INSTITUTE for SUPPLY
MANAGEMENT (ISM)
NON-MANUFACTURING SURVEY

美國有很多企業「不事生產」，很奇怪吧，但這卻是千真萬確的。想想看，零售商賣食品給你，但它並不從事種植或養殖活動。房地產經紀商協助你買賣房地產，但卻不興建房屋。加油站賣汽油給你，但將原油提煉為汽油的卻不是它們。

銀行、零售、批發和房地產事業中的非建築類企業，如房地產經紀商，全都屬於服務業，而這些服務業對經濟學家和投資人非常重要，因為根據保險業巨擘瑞士再保公司（Swiss Re）紐約辦公室的首席美國經濟學家柯爾特‧卡爾（Kurt Karl）所言，以就業和GDP來說，服務業大約佔了民間（非政府）經濟規模的70%。

也因如此，供應管理協會每個月的非製造業調查——通常被稱為ISM服務業指數——才會那麼重要。卡爾說：「它代表服務部門採購經理人對現況的看法。」

ISM服務業指數和它的姊妹指數——ISM製造業調查一樣，也很容易解讀。非製造業調查的主要數據是一個稱為「商業活動指數」的數字。

卡爾說：「當ISM服務業指數超過50，代表服務部門成長，低於50則代表經濟體系的非製造部門正在萎縮或趨緩。」

「然而，50這個數字並不完美：我們沒有足夠的歷史數字可證明那個分界點是否正確。」因為ISM服務業數據是1990年代末期才開始彙編，而製造業數據則是打從1930年代起就開始編製，所以，這項服務業數據的最大潛在弱點就是它的歷史不夠長遠。不過，由於它是在每個月月底過後不久就發佈，所以，諸如卡爾等很多經濟學家會因此忽略上述缺點。

ISM非製造業商業活動指數(1997-2010年)

商業活動指數

80
70
60
50
40
30
20

JUL-97 FEB-98 SEP-98 APR-99 NOV-99 JUN-00 JAN-01 AUG-01 MAR-02 OCT-02 MAY-03 DEC-03 JUL-04 FEB-05 SEP-05 APR-06 NOV-06 JUN-07 JAN-08 AUG-08 MAR-09 OCT-09 MAY-10

資料來源：供應管理協會

不過，卡爾還點出另一個更大的問題：服務業採購經理人的重要性，不如製造部門的採購經理人。舉個例子，你不太容易從一家銀行需要訂購的紙張數了解該銀行目前的營運狀況，但卻可以從一家鋼鐵製造商的煤及鐵礦砂訂購數量，清楚看出它的營運情況是否良好。

本指標延伸的投資策略

卡爾表示，他喜歡觀察「新訂單」數字，因為這個數字比主要數據「更具前瞻性」。換言之，新訂單數字比ISM服務業調查的主要數字，更能讓人看出服務部門的未來狀態。

相同的，外銷訂單也是代表未來經濟活動的重要指標。如果新訂單和外銷訂單雙雙或其中之一連續幾期超過50，你就可以「放心」，因為這代表近期內，服務部門將開始成

華爾街日報
WSJ.com

市場數據中心
Market Data Center
www.WSJMarkets.com

供應管理協會
www.ism.ws

投資簡報網
http://www.briefing.com

長，甚至已經在成長。

由於ISM服務業指數是相對較新的指標，所以，卡爾警告，它傾向於像墨西哥跳豆那樣不規則地跳動。所以，他喜歡將相關數據製成圖表，並密切觀察圖表的變化。卡爾繪製好圖表後，會尋找一個特定「水準」，而非趨勢。他說，只要數字維持在50以上，幾個百分點的上升和下降都無須太過緊張。

速查！本指標追蹤要點

■本指標何時發佈：
每個月月底過後的第三個營業日，大約東岸時間早上10點會發佈。

■本指標何處取得：
《華爾街日報》的編輯和記者都會密切追蹤ISM服務業數據。當有關它的新聞一發佈，該報記者就會以新聞快報的模式，在《華爾街日報》線上版上提出報告。

如果這就是你要的數據，你可以上《華爾街日報》線上版的「**市場數據中心**」找。進入網頁後，你必須點選「行事曆與經濟」（Calendars & Economy）那一欄中的「美國經濟事件」（U.S. Economic Events），就可以找到「ISM非製造業」（ISM Non-Manufacturing）。

你也可以直接上**供應管理協會**的網站，這裡可免費取得相關的數據和評論。此外，你也可以上「**投資簡報網**」查，方法一如前述幾項指標的描述。

投資應用摘要
SUMMARY

早一點看懂趨勢
的投資用經濟指標

Part 2
投資面的重要
經濟指標

本指標分析重點:
確認新訂單和／或主要數字上升(下降)至
超過(低於)公認的臨界點50。

本指標意涵:
服務部門可能正在成長(萎縮),而整體經
濟亦然。

建議採取的投資行動:
這時是買進(賣出)較高風險資產,如股票
的時機,此時也應該賣出(買進)政府債券
等抗衰退的「備胎型」老派資產。

應用於投資的風險水平: 低。

應用得當的可望報酬率: $$$$$

13

商業日報暨經濟循環研究協會
(Joc-ECRI) 工業市場價格指數

觀察趨勢用途：領先指標（另請參閱"銅價"指標）

簡單說，工業用商品價格是整體經濟走向的領先指標。

有時候，要了解經濟狀態，你必須願意拉下身段去「做點骯髒的粗活兒」——這是指：請去觀察一大堆粗糙的工業用商品。「什麼？」——別緊張，其實你應該不用那麼為難自己到工廠現場，因為彙編商業日報-經濟循環研究協會（JoC-ECRI）工業市場價格指數的機構，已經幫我們做了很多「骯髒的粗活兒」。

也許你不太懂我們在說什麼，我們要說的是，JoC-ECRI工業市場價格指數能清楚透露工業經濟的變化。工業經濟規模不像服務部門那麼大，但它的循環性卻更明顯。這對經濟預測家來說是件好事，因為這代表預測者、經濟學家和投資人能藉由觀察這項指標，而更容易分辨出工業經濟部門的變化。

JoC-ECRI工業市場價格指數是衡量被用來製造經濟體系所有物品的主要工業用商品的價格，當工業公司增加這些原料的採購，它們的價格就會被推升，這代表擴張的訊號；當他們減少採購，價格就會拉回，也等於是預告經濟趨緩或甚至衰退。所以，簡單說，工業用商品價格是整體經濟走向的領先指標。

這項指標包括能源價格、基本金屬（如銅、錫、鋼、鎳和鋁）、紡織品和雜項（包括牛油、橡膠和膠合板）。

這個清單看起來也許很隨機，但其中的組成要素卻不是隨機選出來的。1980年代初期，總部位於紐約市的經濟循環研究協會（它專門研究經濟體系不同環節，在商業循環中的變化），不遺餘力地精選出幾個價格容易受經濟變化影響的商品，並將這些商品納入該指數。

ECRI（經濟周期研究所）的總經理拉克雪曼‧亞丘桑（Lakshman Achuthan）解釋，基於那個原因，ECRI將

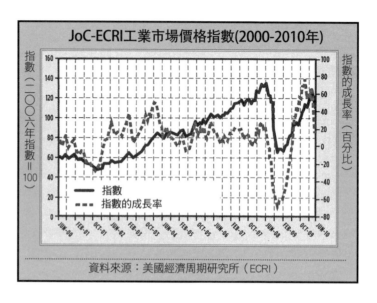

資料來源：美國經濟周期研究所（ECRI）

農業商品排除，因為這些商品的價格傾向於隨氣候變遷而變動，另外，貴金屬也未被列入，因為這些金屬的價格波動有時候會受投機活動影響，而不是受工業用量影響。

除此之外，ECRI還做了另一個關鍵的決定：並非所有被選上的商品都有在各地的期貨交易所交易，不過其中半數有，如銅。

為什麼要這麼做？亞丘桑表示：「在一般情況下，有沒有採用這個方式，其實沒有太大差別，但商品偶爾會成為一種熱門的投資類別，在這種情況下，所有人都會大舉介入這些產品。一旦如此，這些商品的價格就會激烈波動。」

他解釋，如果這項指數只納入有在交易所交易的商品，那這個指標的波動就有可能非常激烈，一旦它突然躍升，可能會讓人誤以為經濟榮景將至，但那實際上可能只是一場投機狂熱所造成。他說，其中一半組成商品未在交易所交

易，讓這項指數比較不會產生誤導性的數字。

本指標延伸的投資策略

ECRI的亞丘桑說，他喜歡使用這項指數，原因之一是，這項指數確實對經濟的各種變化非常敏感，另一個原因則是它的波動非常大。他說，箇中訣竅是：將指數描繪成圖形，這麼一來，經濟反轉的證據將明顯到「無可否認」。

舉個例子，當經濟走出「大衰退期」並開始反彈，JoC-ECRI工業市場價格指數上漲了50到-60%。他說，那樣的波動會給你一股「力排眾議」的信念。

不過，要研判經濟是否從擴張反轉為衰退，或由蕭條轉為榮景，不只要觀察圖表。亞丘桑說，一定要遵循ECRI的分析原則，確認指數的波動是否非常顯著（也就是波動很大）、持續（繼續朝某個方向波動）且具普遍性（指數的波動不是只受其中一個組成要素驅動）。如果指數的波動反映了上述三個原則，那麼，也許你才可以大膽判定經濟已出現反轉。

對投資人來說的好消息是：生產那一類工業原料的企業，其股價波動性傾向於和標的商品一樣大。換言之，商品——化學品製造商杜邦公司（DuPont，代號：DD）的股價波動，將比寶鹼（P&G，代號PG）等消費性必需品，如牙膏的製造商大。

速查！本指標追蹤要點

■本指標何時發佈：
每週

■本指標何處取得：

ECRI（經濟周期研究所）提供最新的JoC-ECRI工業市場價格指數給它的會員，但必須付費。另外，《霸榮》雜誌（Barron's）每個星期都會刊登本指數，不過，你也必須付費訂閱這本雜誌，才能取得這項資訊。如果你有必要在第一時間取得這項更新數據，可能還是得採用上述兩個來源。

然而，如果你有的是時間又不想花錢，那搜尋各大媒體，應該也能達到目的。ECRI的亞丘桑表示，你可以透過不同媒體來源去了解ECRI對未來的看法，大約能取得70%的相關資訊。另外，該公司向來也會嘗試將媒體對它的報導彙整，並保存在它的網站上。

投資應用摘要
SUMMARY

本指標分析重點：
指數受許多種工業用商品驅動具備了普遍性，呈現了顯著且持續性的上升（下降）。

本指標意涵：
經濟景氣即將大幅上揚（下挫）。

建議採取的投資行動：
買進（放空）工業股票。

應用於投資的風險水平： 高。

應用得當的可望報酬率： $$$$$

14

倫敦金屬交易所存貨

觀察趨勢用途：領先指標（另請參閱"ISM製造業調查"、"銅價"指標）

如能追蹤倫敦金屬交易所既透明又即時的各項金屬庫存數據，將可窺看金屬及採礦業的未來營運狀況。

有些聰明的投資人會將銅價視為判定經濟體質的線索。確實,銅價是很棒的指標,但如果你有能力預測銅價和其他金屬的價格,那不就更棒了?

有些敏銳的投資人會藉由觀察未被消費,且處於呆滯狀態的金屬數量來預測金屬價格。換言之,他們會觀察銅或鋁的國際庫存有多少公噸?這項作法違反直覺,但卻非常重要。

一般來說,存貨水準和價格是負相關的。當存貨水準低,價格通常會維持高檔或上漲,反之亦然。

問題是,要取得整個經濟體系的實際存貨數字是有困難的。舉個例子,紐約布魯克林那一家電線製造商持有多少公噸的銅庫存?若只單獨看個別廠商,並不會感覺庫存數字有什麼特別重要的,但如果把所有小廠商的數字加起來,它的整體重要性隨即顯露無疑。

換言之,我們不容易取得可用來分析金屬市場的好資料。解決這個難題的線索之一是倫敦金屬交易所(LME),它是主導全球工業金屬(如銅、鋁、鋅、鉛、錫和鎳等)期貨合約交易的商品期貨組織。每一個營業日,LME都會提供它的各項金屬可用庫存量數據。

當然,這個數據不可能翔實反映全世界整體金屬存貨的情況。不過,它很透明(一覽無遺,且正確無誤)、即時(每天),所以,我們認為它是一個很值得追蹤的指數。

不過,請注意:當利率極低時,金屬價格和存貨之間的負相關關係可能會遭到扭曲。因為當借款成本異常低時——如2008~2009年「大衰退期」以來——投機者有時候會決定逐步囤積商品,將它做為一種投資。於是,存貨水準

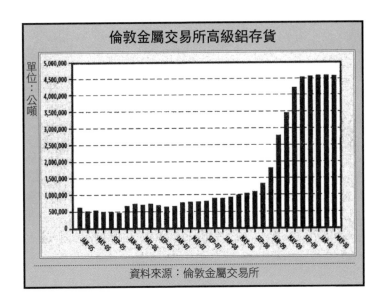

會一直維持高檔，價格亦然。其中一部份原因是，一般製
造業者無法取得投機者持有的金屬，並用來製造它們的產
品。

本指標延伸的投資策略

LME存貨數字可能可以讓人明顯看出金屬及採礦業的未來
營運狀況，如果存貨水準很高，可能意味採礦及冶煉業者
將減產，故其業務將趨緩。相同的，如果存貨水準很低，
那可能代表採礦業及冶煉業者的業務即將回升。

不過，這當中存在一個棘手的問題：多數商品——包括金
屬——的數據，可能不是那麼容易就能搞懂。但那也代表
真正肯下苦工研究的敏銳投資人，將能從中獲得很大的利
益。為什麼？因為所有人對相關的數據全都是霧裡看花，
而且多數人並不願投注額外的精力來釐清實際情況，而如
果你願意投入更多心力，就一定能取得優勢。

總部位於倫敦的一家顧問公司GFMS金屬顧問公司的總經理尼爾‧巴斯頓（Neil Buxton）表示，他個人在進行相關分析時，會先將LME的庫存水準視為「一個市場均衡指標」。簡單說，目前是處於金屬庫存水準高且市場供給寬鬆的階段，還是金屬庫存低且市場供給緊縮的階段？

但巴斯頓說，無論如何，儘管LME的庫存數據很有用，但也必須參考芝加哥商品交易所（CME）集團的紐約商品交易所（COMEX）事業部，以及上海期貨交易所的庫存數字。這兩個來源的統計數據和LME提供的數據類似，但若能一併參考，你將能更完整掌握市場均衡的全貌。若願意投入上述額外的苦工，收集額外的數據，聰明的投資人就能比別人更精準掌握令人霧裡看花的金屬世界，看見清晰的全貌。

除此之外，敏銳的投資人也應該觀察其他會反映未來潛在需求的指標。巴斯頓說，他會特別觀察幾項採購經理人指數，也就是PMI值（Purchase Management Index），包括本書其他篇幅中介紹的ISM製造業調查。這些PMI數字讓我們了解製造業近期內的行動計畫。若採購經理人認為商業情勢良好，金屬需求將可能會增加。

另外，中國經濟狀況的良窳，也是判斷金屬價格的極重要因素。巴斯頓說，中國對某些金屬的需求，約佔全球總需求的30到40%，而且，他還提到，中國的貿易數據經常會影響金屬價格。

他說：「在觀察這些市場時，最根本的要素——經濟基本面——真的很重要，而且這個要素確實能幫你成功達到目的。」

速查！本指標追蹤要點

■本指標何時發佈：
每個營業日

■本指標何處取得：
倫敦金屬交易所會在它的網站上提供價格、存貨和其他市場數據，有些是免費，有些則要收費。紐約商品交易所和紐約商業交易所目前都是**CME集團**的事業部，所需資料可以上它的網站去查詢。上海期貨交易所的網站會列出每週的存貨水準。

投資應用摘要
SUMMARY

本指標分析重點：
觀察不同種類金屬的存貨增減。此外要觀察中國需求的增減和工業化經濟體製造部門的相對狀況（請參考不同採購經理人指數）。

本指標意涵：
通常低存貨水準意味製造業景氣欣欣向榮，高存貨水準則代表製造部門可能趨向停滯（利率極端低時例外）。

建議採取的投資行動：
當存貨水準較高時，通常應該避免介入容易受製造業經濟影響的股票。當存貨水準低時，則買進製造業股票。

應用於投資的風險水平：高。

**應用得當的可望報酬率：$$$**$$

倫敦金屬交易所
www.lme.com/home.asp

CME集團
www.cmegroup.com

上海期貨交易所
www.shfe.com.cn

15

個人儲蓄率

觀察趨勢用途：同時指標

一般來說，當一個經濟體的儲蓄愈多，代表日後的投資活動會愈多。

很多美國人覺得儲蓄很沒意思。既然可以先花錢後付款，為什麼要費事存錢？無論怎麼說，這種「先享受後付款」的行為模式確實也促使經濟加速成長，不是嗎？

嗯，差不多是這樣沒錯。多倫多的TD銀行金融集團（TD Bank Financial Group）副首席經濟學家德瑞克·伯列頓（Derek Burleton）解釋：「今日的儲蓄有助於未來的長期成長。」

簡單說，當一個經濟體的儲蓄愈多，代表投資會愈多。畢竟那些儲蓄的資金終需尋找出路，而且，以這個案例而言，它是從你的儲蓄帳戶被轉出，作為支應興建新工廠或更換老舊機械設備的貸款和證券的資金來源。

基於這個原因，經濟學家非常重視儲蓄，不過，儲蓄通常很難計算，因為幾乎沒有任何地方有切實追蹤過個人儲蓄率。取而代之的，統計學家先觀察所有美國人民的總所得，接著再將這筆金額扣除整體支出金額，算出儲蓄金額。他們假設，所得扣除支出的餘額，就是被存起來的錢。

另外還有一點值得一提，若一個國家的儲蓄率很高，但政府卻陷入債務泥淖，那國民的儲蓄就能對政府形成保護效果。高負債的政府向來都得為「錢從哪裡來？」這個大問題傷腦筋，所以，如果錢是來自本國的儲蓄者，那就比較不需要擔心。

在我們撰寫本書時，日本政府債臺高築，它的貸款約當其全國產出——即GDP——的200%。以百分比計，那大約是美國政府負債的兩倍。不過，重點來了：就某種程度來說，日本政府比較不用像美國政府那麼擔心，因為日

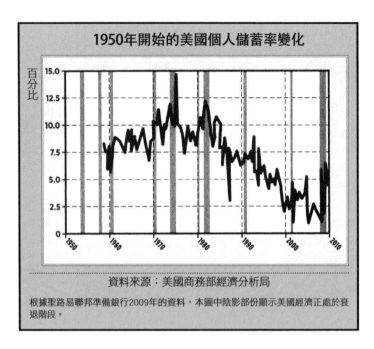

1950年開始的美國個人儲蓄率變化

百分比

15.0
12.5
10.0
7.5
5.0
2.5
0

1950　1960　1970　1980　1990　2000　2010

資料來源：美國商務部經濟分析局

根據聖路易聯邦準備銀行2009年的資料，本圖中陰影部份顯示美國經濟正處於衰退階段。

本——儲蓄大國——多半是向它的本國國民借錢，而美國卻高度仰賴對外國人的借款。美國人不像日本人那麼富有。也因如此，日本政府比較不需擔心外國人會突然不再借錢給它，而美國政府則時時都得防範那一天的到來。

本指標延伸的投資策略

儲蓄率數據有一個很大的問題：它的波動性非常大，那是導因於它的計算方式。伯列頓解釋，所得和支出數字都是估計值，除此之外，這兩個數字都非常大。由於估計這兩個數字的過程中，有可能會出現顯著的誤差，所以算出來的儲蓄率數字難免就會激烈地上下跳動。

伯列頓說：「我們試著不要太過重視儲蓄率的水準——我

們比較重視方向。」換言之，他會觀察儲蓄率目前是在上升或在下降，而比較不重視它是3%還是1.5%。

他說，投資人可以利用儲蓄率的變動趨勢來評估消費者的心態。如果趨勢顯示儲蓄將增加，那代表消費者可能很緊張。如果趨勢顯示儲蓄水準穩定下降，那就是一個好訊號，代表消費者有信心花錢。

速查！本指標追蹤要點：

■本指標何時發佈：
每個月大約第四個星期的東岸時間早上8時30分，會發佈上個月數字。它是以「個人所得與支出」報告的形式，由商務部發佈。

■本指標何處取得：
《華爾街日報》的編輯和記者都會密切觀察所得和支出的數據，這就是計算儲蓄數字的原始資料。當相關數據一發佈，該報記者就會以新聞快報的模式，在《華爾街日報》線上版上加以報導。

如果這就是你要的數據，只要上《華爾街日報》線上版的「市場數據中心」，便可找到個人所得和支出的彙總數據。進入網頁後，你必須點選「行事曆與經濟」（Calendars & Economy）那一欄中的「美國經濟事件」（U.S. Economic Events），就可以找到「個人所得與支出」（Personal Income and Outlays）。

如果要找已經算好的「儲蓄率」數字和所得及支出數字，可以上美國經濟分析局的網站。如果需要歷史數據，可以試試FRED資料庫。

華爾街日報
WSJ.com

市場數據中心
Market Data Center
www.WSJMarkets.com

美國經濟分析局
www.bea.gov/National/
index.htm

FRED資料庫
research.stlouisfel.org\fed2

THE
Economic Indicators
that Really Matter

投資應用摘要
SUMMARY

本指標分析重點:
觀察儲蓄率是否上升（下降）。

本指標意涵:
消費者可能非常緊張（感覺有信心）。

建議採取的投資行動:
如果儲蓄率逐步上升，那代表經濟體系裡的消費部門將表現疲弱，因此，最好是迴避消費者驅動型企業的股票。

應用於投資的風險水平: 中。

應用得當的可望報酬率: $$\$\$$$\$\$\$

16

單位勞動成本

觀察趨勢用途：同時指標（另請參閱"ISM製造業調查"、"費城聯邦準備銀行：商業展望調查"指標）

當勞工的生產力提高、薪資卻維持不變，則單位勞動成本便會下降，這樣的情況對企業來說是有利的。

有些勞工很懶惰或沒有生產力,但也有些很勤勞,很有效率。任何上過班的人都知道這件事。儘管有時從個人的基礎來說,效率高或低很難衡量,但只要觀察「單位勞動成本」,就能了解勞工的整體效率。

這項指標是評估生產單位工業產出所耗用的勞動成本,也許思考這項指標的最好方式是:製造一個小玩意兒要花多少勞工成本?

長期下來,企業最希望見到的,就是單位勞動成本下降,這個現象意味企業變得比較有效率。而簡單說,那就是單位勞動成本的真正意義:評估效率和生產力的指標。

杜克大學富卡商學院的財務學教授坎貝爾‧哈維(Campbell Harvey)說:「較精良的機器意味較高的生產力,而那也意味較低的單位勞動成本。不過,生產力並不是每一季都會發生變化;這是一個較長期的函數。」哈維說,如果一段時間內——如三年——的單位勞動成本出現顯著的變化,那生產力就可能因而提升。

不過,在1970年代至1980年代初期時,美國多數企業面臨相反的情境(見下頁圖),當時單位勞動成本大幅上升,有時一年還超過10%。那是高薪資通貨膨脹所造成的結果。

如果你覺得這項指標聽起來很複雜,先不要太擔心。政府機關——勞工統計局會為你計算這個數字,它會將雇主勞工成本(薪資加津貼)除以實際附加價值產出。如果勞工生產更高價值的產出,而他們的薪資卻維持不變,單位勞動成本就會下降,這對企業來說是有利的。

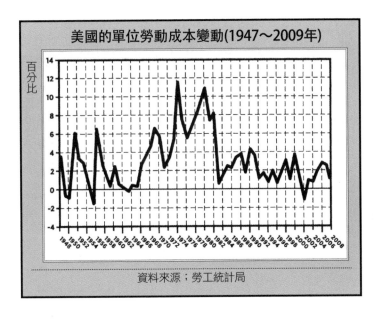

美國的單位勞動成本變動(1947～2009年)

百分比

資料來源；勞工統計局

本指標延伸的投資策略

在使用單位勞動成本數據時，最大的難題並不在判讀勞工效率上升或下降。就目前來說，這應該不難判斷。相對的，真正複雜的問題是要判斷它對更廣泛的經濟體系代表什麼意義。

哈維解釋，真正的大問題是：明明是完全相同的現象，但卻可能代表正好相反的意義，一切取決於經濟處於商業循環的哪個位置。真是殘忍！基於那個原因，在使用這項指標時，一定要同時參考其他指標，如本書提及的其他指標，這樣才能釐清經濟目前處於商業循環的什麼位置。

如果目前經濟處於衰退階段，且單位勞動成本受到推升，那可能是好事。原因是，它可能意味勞工薪資上升，而這將會反映在商品及勞務需求的增加。所以，在那些情境

下，投資人可能可以將單位勞動成本的上升，視為經濟可能回升的有利訊號。然而，在經濟衰退期，若勞動成本下降，則可能意味通貨緊縮，而且未來經濟可能繼續惡化。

相反的，在經濟榮景期，勞動成本上升可能會被視為不利的訊號。原因是，它可能是通貨膨脹將惡化的訊號。具體而言，假定原料成本維持不變，但生產部門的勞動成本上升，這時企業為了維持相同水準的利潤，就必須提高售價。不過，在經濟榮景期，因勞工效率改善而促成的勞動成本下降，卻是非常有利的訊號。誠如哈維所建議，在使用這項指標時，應該參考本書的其他指標。

如果，情勢顯示經濟逐漸改善且單位勞動成本下降，投資人可能可以考慮買進容易隨經濟波動的資產，像是股票，尤其是製造業公司的股票。

不想買個股的投資人可以投資以**一籃子工業股為基準的投資基金**，如工業精選產業SPDR指數股票型基金（代號XLI），它可能是不錯的選擇。

速查！本指標追蹤要點

■本指標何時發佈：
這項數據是在接近每季結束後的第二個月月初的某一天，於東岸時間8點30分發佈。前一季的數據是在2月、5月、8月和11月發佈。每次發佈第一個數字後，會在一個月後進行修正。

■本指標何處取得：
《華爾街日報》的記者和編輯都會密切觀察勞工趨勢。當勞工部發佈新聞，該報記者就會以新聞快報的模式，在《華爾街日報》線上版上提出報告。

如果這就是你要的數據，可以上《華爾街日報》線上版的「市場數據中心」。進入網頁後，你必須點選「行事曆與經濟」（Calendars & Economy）那一欄中的「美國經濟事件」（U.S. Economic Events），就可以找到「生產力與成本」（Productivity and Costs）。

若要直接取得這項數據，可以上美國勞工統計局的網站，並尋找「生產力及成本」的新聞稿。

市場數據中心
Market Data Center
www.WSJMarkets.com

美國勞工統計局
www.bls.gov\bls\newsrels.
htm

投資應用摘要
SUMMARY

本指標分析重點：
觀察單位勞動生產力的變化。

本指標意涵：
一切全取決於目前經濟處於商業循環的什麼位置。在經濟衰退期間，勞動成本上升有可能代表經濟復甦的訊號，但也可能代表通貨膨脹將惡化。勞動成本下降有可能意味生產力提高，或經濟將陷入更深度的衰退。

建議採取的投資行動：
如果目前處於經濟衰退期，一定要以追求安全為前提。但如果經濟真的擴張，應該可以介入較高風險的資產，如股票。
不過，經濟的成長如果只是通貨膨脹所促成的名目擴張，那應該選擇一些美國國庫抗通膨債券和金礦，或買黃金ETF。

應用於投資的風險水平：
從低到高，取決於你有沒有能力利用這項指標和其他指標，綜合研判出經濟的真正方向。

應用得當的可望報酬率： $$$$$到$$$$$

PART 3

G

從政府觀察的
經濟看法
GOVERNMENT

政府對各種產品的消費胃口非常大。總計來說，加計政府對所有耐久財、非耐久財和服務（如研究、開發與教育），還有設備投資（多半是軍事設備）、建築物和高速公路等開支的總額，大約佔美國GDP的15到20%。

我們只在政府活動的單元裡納入一項指標：聯邦政府預算赤字。這個指標特別有意思，因為儘管短期的赤字通常顯示政府佔經濟體系的比重增加——並因此使GDP上升——但政府赤字也預告經濟的其他環節將會發生問題。

特別值得一提的是，當政府赤字很高，通常會導致未來的消費（GDP公式裡的C）及投資（GDP公式裡的I）進一步略微降低。那是因為當政府擴大支出，它通常是透過提高稅賦、增加借款或印更多鈔票的方式來支應新增的支出。當然，稅賦會導致未來的消費和投資降低。借款則等於未來的稅賦，而印鈔票則會引發通貨膨脹，這也是另一種形式的稅賦，只不過鮮少人注意到而已。

根據聯邦最高法院法官奧立佛・溫戴爾・荷姆斯（Oliver Wendell Holmes）和國稅局的說法，「稅賦是必要之惡，是我們為了換取文明而必需支付的代價」，不過，稅賦卻可能造成一些扭曲現象。設計不良的稅賦制度不僅會誘使人民採用怪異的建築結構設計（規避窗戶稅）、組成巨型家庭（以減輕稅金對家庭的衝擊）和大篇幅的報紙（減少以頁數作為課徵基礎的稅賦），設計不良的稅制更已嚴重傷害了很多經濟體。

通常，稅制對經濟體的傷害是長期逐漸累積而成的，且不是一個商業循環現象，不過，我們認為我們還是應該順便警告一下投資人，高額赤字（和後續不可避免的稅法修訂）是很令人擔心的。

17

聯邦政府預算赤字
及國債

觀察趨勢用途：同時至領先指標

當政府負債增加的速度與GDP一樣快時，經濟還尚稱健康；但一旦負債增加速度過快，則高國債就可能會成為通貨膨脹的先鋒。

有些人到月底時都會剩下一點錢，但近年來，多數人都成了不到月底就口袋空空的「月光族」。如果你覺得近來手頭現金有點吃緊，不要失去信心，因為你並不孤單——美國政府也和你一樣。

當政府的支出超過它以稅收名義取得的收入，就會形成所謂的「赤字」。這就像是預算裡的一個大洞。為了取得填補赤字的資金，政府必須借錢，而逐漸累積的借款遂形成「國家債務」。就在我們撰寫本書之際，美國國債總額超過14兆美元，那可是14後面加12個0。那是一大筆錢，而且它有可能會成為一個大麻煩。

赤字——以及它最後所造成的「國債」——令人憂心的原因是，負債愈高，政府公債的利率也就會升得愈高，而政府償債的負擔也因此加重。換言之，每一元稅金當中，必須用來償還負債利息的比重就會上升。

另一個讓人擔憂的問題是，負債過高的政府通常會訴諸印鈔票的方式來解決問題。儘管那麼做有助於還債，但最後卻會引發通貨膨脹。

更糟的是，儘管政府赤字過高的後果顯而易見，但其實解讀赤字數據卻是很困難的事。只看一個國家某一年赤字是不對的，因為政府稅收和商業循環高度相關。在經濟衰退期，政府稅收傾向於減少，而在經濟榮景期，政府稅收卻比較高。

一家總部位於麻薩諸瑟州比佛利農場區（Beverly Farms）的經濟顧問公司韋恩萊特公司（H. C. Wainwright & Co.）的研究部主管大衛・蘭森（David Ranson）說，不能太過重視單一年度的赤字。他說，最好是觀察年度赤字約當GDP的百分比，其關鍵門檻是3%。

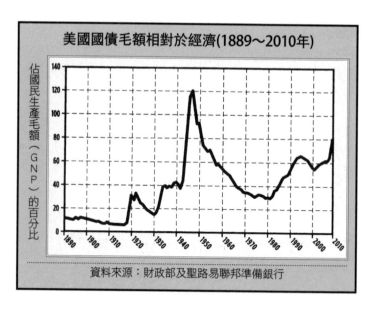

美國國債毛額相對於經濟(1889～2010年)

佔國民生產毛額（GNP）的百分比

資料來源：財政部及聖路易聯邦準備銀行

蘭森說：「一般約定成俗的見解認定，3%是正常的赤字水準，因為以正常狀態來說，經濟也會維持3%的成長。那代表，當政府負債增加速度和GDP一樣快，這算是健康的狀態。」

換言之，如果國債約當GDP比重一直維持在穩定的百分比，那就不是什麼大問題。不過，如果赤字增加速度超過經濟成長速度呢？

本指標延伸的投資策略

國債是通貨膨脹的先鋒，不過，國債水準和商業循環並不相關。只是，年度預算赤字卻和商業循環息息相關。蘭森解釋：「長期下來，赤字愈高，通貨膨脹率也就愈高，而如果政府無法讓自身擺脫高赤字的窘境，最後甚至可能會演變為『超級通貨膨脹』（hyperinflation）」。換言之，持續性的赤字會導致國債增加，而高國債就是通貨膨

脹的先鋒。誠如我們先前提到過的，規避通貨膨脹的關鍵在於，將平均年度赤字控制在（GDP的）3%以下。問題是，當我們撰寫這本書時，根據各方的推估，目前美國的赤字已超過10%，而且估計將在下降到4%以後，再次上升。

他憂心地説：「真正的發展不會比那個推估值好多少」。蘭森指出，如果預算赤字水準長期超過GDP的3%，那麼，黃金是很好的抗通膨賭注。另一方面，他説，能將赤字控制在3%以下的國家，將能吸引資金流入，並因此獲得更高的（經濟）成長率。他説：「那包括近年來的很多新興世界國家。」

因此，投資人可能應該考慮投資那些專精於「投資新興市場企業類股」的共同基金。

速查！本指標追蹤要點

■本指標何時發佈：
赤字的數字部份，美國財政部會在每個月的第八個營業日東岸時間下午2點公佈它的收入及支出月報表。

此外，透過各種美國國債鐘，如：「美國國債鐘網」也可取得國債的連續估計值。

■本指標何處取得：
《華爾街日報》的編輯和記者都會密切注意美國政府的財政狀況。當美國財政部發佈它的數據，該報記者就會在《華爾街日報》線上版上提出報告。

你也可以直接在美國財政部的月報表上找到相關的數字。要正確分析這些數字的意義，必須將月數據加以「年化」

美國國債鐘網
www.usdebtclock.org

美國財政部的月報表
www.fms.treas.gov\mts\
index.html

FRED資料庫
research.stlouisfed.org\fed2\

**美國白宮
聯邦預算的說明頁**
www.whitehouse.gov\omb\
budget

（anualize，也就是將前12個月的赤字加總起來），並拿這個總額和整體GDP數字做比較。

此外，FRED資料庫也有非常豐富的歷史資料，你可以去網站上查詢。重要的新聞提供者也都會刊登預算協商的報導，如果你想深入檢視目前的聯邦預算，可以瀏覽美國白宮說明聯邦預算的頁面。

投資應用摘要
SUMMARY

本指標分析重點：
國債約當GDP的百分比上升（降低），通常相關的訊號是：當期赤字是否超過國民所得的3%。

本指標意涵：
政府引發通貨膨脹的刺激力量上升（降低）。

建議採取的投資行動：
放空（買進）傳統的政府公債並買進（放空）黃金和／或新興市場股票型基金。

應用於投資的風險水平： 高。

應用得當的可望報酬率： $$$$$

PART 4

淨出口相關指數
NET EXPORTS

美國並非與世隔絕。我們出售產品給外國，也向外國買東西。總之，美國以外的世界也很重要。所以，我們才會列入六個和淨出口有關的指標。

我們出售到海外（出口）和我們向海外採購（進口）金額的差額，稱為「淨出口」。經濟學家使用NX代號來表示淨出口。

對小型的開放型經濟體如愛爾蘭來說，淨出口是GDP的主要正面貢獻因子。然而，以美國來說，淨出口通常是負數，它導致GDP縮減大約5到10%，就算美國的淨出口數字改善，也只是讓它的負面影響縮小，但終究還會是負數。

值得一提的是，出口和進口不止包括商品，也應該包括旅遊、顧問和銀行業務等服務項目。

影響美國淨出口最劇的因素是美元匯率。當美元表現疲弱，出口就會改善，淨出口的負值就會降低，因為此時外國人會覺得美國的商品變便宜了。相同的，此時美國人會覺得外國的產品變貴了。因此，美元弱勢會使出口增加，進口減少。若美元表現強勢，則情況相反。

經濟理論告訴我們，影響外匯匯率最劇的短期因素是利率，或者應該說是民眾對相對利率變化的預期心理。長期的匯率走勢則主要是反映實體經濟的變化，例如物價和生產力，要了解匯率的情況，必須先掌握世界上其他主要經濟體——這些經濟體正好也都是美國最大的貿易伙伴——的情況。所以，我們也在這一節納入了國際和外國指標。

我們可以利用這類指標來揣摩全球經濟的發展。以前，世界上不同國家或地區經濟表現迥異的情況並不罕見，例如某個國家經濟飽受衰退之苦，但另一個國家卻欣欣向榮。不過，現在所有國家都彼此牽動、息息相關——《紐約時報》名專欄作家湯瑪斯．傅利曼（Thomas Friedman）和其他人都曾以強而有力的論述討論過這個現象。

18

波羅的海
乾貨散裝綜合運費指數

觀察趨勢用途：領先指標

本指數隨著船舶需求而浮動，這些船舶所運載的多是鐵礦砂、煤和穀物等工業原料，故能反應特定產業的景氣近況。

這項指數雖名為「波羅的海乾貨散裝船綜合運費指數」（BDI），但有趣的是，它牽涉到很多「水」。具體來說，它是衡量將原物料從大洋的某一端運輸到另一端的價格——就這個意義而言，波羅的海乾貨指數其實很「潮濕」。但所謂的「乾」貨，是指運載貨物的狀態：通常是指鐵礦砂、煤和穀物，這些都是乾燥的貨物，不同於原油那種潮濕的貨物。

而「波羅的海」的字眼，主要是沿用位於倫敦的波羅的海交易所的名稱，這個交易所負責計算與發佈各營業日的BDI指數。然而，它並不只計算通過波羅的海的貨物運輸價格。波羅的海交易所追蹤並記錄世界各地主要航線的貨物運輸成本，它編製的這項指數代表今日在現貨市場租一艘船的成本，而不是未來某個時間點的租船成本。

紐約的拉薩德資本市場公司（Lazard Capital Markets）的海運及運籌業資深股票分析師厄爾斯·杜爾（Urs Dur）說，這些乾貨散裝船，其實就像是「超大型的海上移動傾卸車」。它有多大？最大的這種船無法通過巴拿馬運河或蘇伊士運河。而為了能橫渡到全球各地，這些超大型船舶必須分別沿著非洲最南端的好望角，或南美洲最南端的合恩角（Cape Horn）航行，因此，這些船也被稱為「海岬型船舶」。其他的船舶依大小分類，分別是巴拿馬、輕便極限型和輕便型，這些類別的船全都可以通過運河，而且和海岬型船舶一同被納入BDI。

BDI為什麼會波動？最簡單的概念是：這項指數會隨著船舶的需求上升或下降。當需求增加，包租一艘船的成本就會上升，那是因為短期內可用船隻的數量通常是固定的，所以，當全球經濟表現熱絡且對原物料需求增加，租船的價格就會上升。

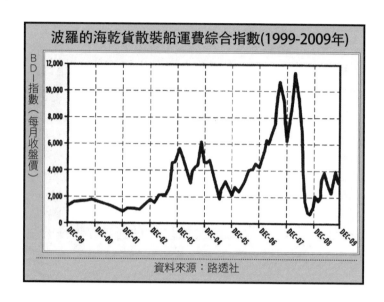

波羅的海乾貨散裝船運費綜合指數(1999-2009年)

資料來源：路透社

我們追蹤BDI的原因是，它讓我們得以洞悉多數基礎工業
原料的貿易狀況。其中，較值得一提的是鐵礦砂和煤，這
兩者合起來可以製成鋼，而鋼是建築活動的必要投入原
料，也是製造汽車和其他很多消費性、耐久性產品的關鍵
原料。

近年來，只要觀察中國，就可大致掌握BDI的情況。杜爾
說，他會觀察中國的鐵礦砂庫存和中國整體經濟體質。如
果鐵礦砂存貨水準低，且中國經濟狀況依舊健康，代表中
國的鐵礦砂進口有可能增加。

本指標延伸的投資策略

杜爾說，投資人只要找出一家公開掛牌，且其日常營收亦
步亦趨跟隨BDI波動的航運公司，就可以透過BDI的變動
獲取利益。當BDI上升，這家公司的營收就會增加，而當
BDI大幅下降，該公司的盈餘也會減少。

但要找到這樣一家公司是說起來容易、做來難,因為有些航運業者會以簽約方式,一次簽訂好幾年的船舶租金合約,於是,它們的營收就比較不會隨著BDI起舞。

有一家公司完全符合這項要求,它是波羅的海貿易有限公司(Baltic Trading LTD.,代號BALT)。杜爾說,該公司的既定目標是以現貨市場價格出租船隻,它不會為了鎖定出租價,一次簽訂好幾年的租約。他說:「這才是純波羅的海概念股。」

杜爾說,在我們撰寫本書時,該公司完全沒有負債,而且計畫將它的多數盈餘以股利的方式發放給股東。他說,其他從事部份現貨市場出租業務的公司,包括老鷹大宗物資航運(Eagle Bulk Shipping,代號EGLE)和納維奧斯海運控股公司(Navios Maritime Holdings,代號NM)。

有些分析師也會利用BDI的變化,來預測未來的商品價格波動。舉個例子,BDI大幅下滑可能意味金屬價格將在近期內大跌。

不過,杜爾警告,那種預測可能很危險。他說,BDI的變化有時候和基本需求並不太相關。例如,BDI價格的突然大漲,有可能只是反映某個地區需要的可用船隻數量受限,畢竟在特定時刻,船隻的供給和需求都有地區性。如果某個地方的可用船隻還遠在世界的另一端,來不及回航,那就可能導致當地船隻租金上漲,不過,那只會是暫時性的上漲。

另一個要小心的問題是:當新落成的船隻下水,會導致BDI下跌。不管貨物的根本需求如何,新船隻的加入很可能會導致所有船隻的租金全面下跌。

波羅的海交易所
balticexchange
www.balticexchange.com

投資工具網
InvestmentTools.com
www.investmenttools.com\
futures\bdi_baltix_dry_
index.htm

速查！本指標追蹤要點

■本指標何時發佈：
每個營業日

■本指標何處取得：
標的數據是由倫敦的波羅的海交易所編製，但如果你想取得這項數據，就必須付費。

不過，你也可以從「投資工具網」（InvestmentTools.com）擷取一個圖形，或者查閱主要通訊社的公開網站。

投資應用摘要
SUMMARY

本指標分析重點：
觀察BDI是否上升（下降）。

本指標意涵：
製造業原物料的需求增加（減少）

建議採取的投資行動：
買進（賣出）日常營運會隨乾貨散裝船租金成本波動的公開掛牌交易船運公司。

應用於投資的風險水平：中。

應用得當的可望報酬率： $$\$\$\$

19

大麥克指數

觀察趨勢用途：領先指標

在世界各地的麥當勞，品質幾乎都一模一樣的大麥克漢堡，為什麼會以不同價值來販售呢？落差的價格，很可能就是一次幣值錯估。

1986年時，倫敦《經濟學人》報業的一名記者想知道，如果每個國家的大麥克漢堡的售價都相同，那不同貨幣如日圓或英鎊應該分別價值多少。後來，這個想法催生了「大麥克指數」。

該出版公司的一名資深經濟作家——也是這個指標的發明者——潘‧烏朵（Pam Woodall）說：「大麥克指數是讓經濟學變得更有趣的一個好玩方法。民眾很喜歡它，所以，我們每年都會編製這個指數。」

儘管乍看之下這個指標很奇怪，但其實它背後隱藏著非常嚴肅的經濟意義：購買力平價（PPP）理論。這個理論主張，如果國際貿易的藩籬得以拆除，那所有國家的商品和勞務的價格，應該都會逐漸貼近彼此。若是如此，各國麥當勞速食店皆有販售的大麥克漢堡，將是最適合用來比價的「商品」。如果法國的大麥克要價3歐元，而紐約要價3美元，那麼，依照購買力平價理論的邏輯推論，美元和歐元的合理匯率應該是1美元兌1歐元。

使用大麥克漢堡來進行比較的優點是，這些漢堡不管是在哪裡銷售，都幾乎是一模一樣。意思就是，我們毋須針對品質或大小的差異來進行調整（其他非標準型產品就必需進行調整）。

如果相較之下，另一個國家的大麥克漢堡實際售價和美國不同，那個國家的貨幣不是被高估，就是被低估。

如果相同的大麥克漢堡在北京的售價約當50美分，但在紐約的售價卻是3美元，那麼，根據這項指數的推估，代表中國貨幣遭到低估。

大麥克指數(2010年)

─各地貨幣相對於美元，呈低估或高估─

大麥克價格 (美元)	國家	-50	-25	0	25	50	75	100
6.87	挪威							
6.16	瑞士							
4.62	歐元區							
4.06	加拿大							
3.98	澳洲							
3.75	匈牙利							
3.71	土耳其							
3.58	美國							
3.54	日本							
3.48	英國							
3.00	南韓							
2.99	阿拉伯聯合大公國							
2.86	波蘭							
2.67	沙烏地阿拉伯							
2.56	墨西哥							
2.44	南非							
2.39	俄羅斯							
2.37	埃及							
2.36	台灣							
2.28	印尼							
2.16	泰國							
2.12	馬來西亞							
1.83	中國							

資料來源：麥當勞，《經濟學人》

備註：
1. 大麥克價格採2010年3月16日市場匯率。
2. 歐元區的大麥克價格，為會員國當地價格的加權平均值。
3. 美國的大麥克價格，為四個城市的平均值。

本指標延伸的投資策略

最有用的大麥克相關投資概念，是用它來預測外國貨幣長期以後的價值。最近，外匯市場和政策圈子正面臨一個不得不處理的大問題：中國貨幣——人民幣（元）——是否遭到低估。迅速觀察一下2010年的大麥克指數，就能知道肯定的答案。人民幣不僅低估，它還是被低估得最嚴重的貨幣，低估程度可能高達50%。以相同的衡量標準而言，墨西哥披索也遭到低估25%。

那麼，你應該根據大麥克指數，投資遭到低估的貨幣嗎？《經濟學人》的烏朵說，有些人宣稱大麥克預測貨幣價值的能力，比一些更精密的經濟模型更強。她也指出，很多學術研究顯示，這項指標確實很令人信服，

不過，烏朵也提出警語，有一個問題會使大麥克指數遭到扭曲：雖然大麥克漢堡的銷售模式和其他所有商品都一樣，但卻不能保存到幾個星期後才食用——她說的一點也沒錯——我們當中有人嘗試把大麥克漢堡放幾個星期，結果慘不忍睹。這讓大麥克漢堡變得比較像一種服務，一種買了就會消耗掉的東西，像是背部馬殺雞服務。

但那又怎樣？問得好，某些有根據的經濟因素可以解釋，為何新興市場的服務價格應該比較低：因為新興市場的薪資比較低，而薪資占服務成本的比重非常高。所以，北京的大麥克漢堡售價確實應該比美國低一些。

這也意味，即使市場上各種貨幣已充分反映其應有價值，大麥克指數卻還是會顯示新興市場貨幣遭到低估。所以，這項指數應該只能用來判斷某一項貨幣，是否異乎尋常地高估或低估。如果一項貨幣遭到嚴重低估，那它遲早會升

值。相反亦然，如果一項貨幣遭到嚴重高估，它遲早會貶值。

如果你認為以上有關《經濟學人》大麥克指數的警語會讓你無法安心使用它，那你可以參考UBS財富管理研究公司所開發的「大麥克變形指數」：它計算某個在地勞工要花多少個小時辛勞工作，才能賺到足夠買一個大麥克漢堡的錢。如果為買一個大麥克而需要工作的時數減少，可能意味生產力提升，這最後將促使當地貨幣升值。

不過，在看待這這項變形指數時也必須很謹慎，因為一個勞工得花多少時數，才能賺到約當一個大麥克漢堡售價的薪資，當中的影響因素非常多，像是口味改變或零售價面臨市場跌價壓力等。

如果你決定投資其他貨幣，較安全的方法是注意「會隨不同貨幣相對美元之價值而波動」的指數股票型基金，例如CurrencyShares 歐元信託基金（CurrencyShares Euro Trust，代號FXE）、CurrencyShares英鎊信託基金（CurrencyShares British Pound Sterling Trust，代號FXB）和CurrencyShares加元信託基金（CurrencyShares Canadian Dollar Trust，代號FXC）。以及其他有相似特質的ETF雨傘基金。但新手投資人應該避免直接投資外匯市場，或以借來的錢交易。

速查！本指標追蹤要點

■本指標何時發佈：
每個星期的星期五，也就是《經濟學人》雜誌出刊時。

■本指標何處取得：
《經濟學人》線上版會發佈大麥克指數。

《經濟學人》的
線上版
www.economist.com

投資應用摘要
SUMMARY

本指標分析重點:
以美元計的大麥克漢堡售價,是否大幅低於
(高於)美國大麥克漢堡售價的國家。

本指標意涵:
當地貨幣遭到低估(高估),因此長期有可
能升值(貶值)。

建議採取的投資行動:
買進(放空)遭到低估(高估)的貨幣,可
以透過「貨幣指數股票型基金」來落實投資
想法。

應用於投資的風險水平:極端大。

應用得當的可望報酬率:$$$$⁺$

20

經常帳赤字

觀察趨勢用途：領先指標（另請參閱"美國財政部國際資本流動報告"數據指標）

本國人花在購買外國產品的錢，比外國人花在買本國產品的錢多太多時，就會產生經常帳赤字。當經濟陷入衰退時，赤字狀況便會越演越烈。

美國消費者「熱愛」進口商品。其實,這麼形容還太含蓄了些,嚴重低估了實際的情況。事實是:至少在過去20年間,美國人簡直是狼吞虎嚥地購買各種進口品,當中主要是來自中國的產品,這種行為導致全球經濟體系產生巨大的失衡。

然而,問題的根源並不是美國人購買大量外國製的小東西。畢竟,購物行為是讓世界經濟得以運轉的基礎。問題在於,美國人花在購買外國產品的錢,比外國人花在買美國產品的錢多太多。這種情況可以維持幾年,但卻不可能永遠持續下去。

只要觀察所謂的貿易餘額(trade balance)或是「經常帳」(current account),就能準確衡量出美國向其他國家購買的東西比外國人向美國人買的東西多了多少。

多數國家的貿易餘額大約等於經常帳。嚴格來說,國家帳裡的經常帳等於貿易餘額加上利息和股利淨收入,另外也要加上外國援助淨額。所以,一些大師和經濟學家口中的經常帳赤字,其實通常就是指貿易赤字,美國多年來都一直維持貿易赤字。

紐約大學史騰商學院(NYU Stern)的經濟學教授保羅‧瓦克戴爾(Paul Wachtel)說:「我們是透過向世界上其他地方借錢或把資產賣給它們等方式,取得購買進口產品的錢。」以某種意義來說,這就像為求溫飽而把祖傳銀器賣掉一樣。這種事只能做一次,不可能永遠做下去。

瓦克戴爾解釋,由於美國長期維持相對高的貿易赤字,所以,它已累積了非常嚴重的失衡。具體來說,他的意思是指外國人借給美國那麼多錢,都是為了讓美國人有資金來源可買進口品,而那可能會在未來對美元和整體經濟體質

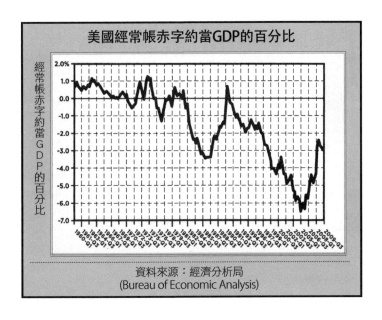

美國經常帳赤字約當GDP的百分比

資料來源：經濟分析局
(Bureau of Economic Analysis)

造成傷害。

瓦克戴爾說：「我們借愈多錢來買愈多進口品，我們對世界各地累積的負債就愈多。到後來，我們不得不思考：『天啊，你付得起那些負債的利息嗎？你還得起這些債務嗎？』」

本指標延伸的投資策略

要了解經常帳赤字的影響，真正的關鍵是要觀察經常帳赤字相對整體經濟的規模。此外，必須觀察一段時間的情況，而不能只看一個時間點。因為貿易赤字傾向於隨著商業循環波動。

通常當經濟步出衰退，貿易餘額就會改善，但當經濟陷入衰退，貿易餘額就會惡化。所以，觀察趨勢比只看單月的數據重要。

瓦克戴爾說,有一個實用的經驗法則可參考:一個國家的長期貿易赤字必須低於其年度GDP的5%才算健康。當貿易赤字超過這個百分比,就可能是個問題。

瓦克戴爾說:「如果一個較小型的新興市場國家出現那樣的數字,代表它即將陷入外匯危機。」以較簡單的方式來說,若一個國家的經常帳赤字超過GDP的5%,那它的貨幣有可能大幅貶值。他舉最近的匈牙利為例,就在該國的貨幣快速貶值以前,它的經常帳赤字達到約當GDP的10%左右。他也提到,希臘的問題和匈牙利類似。

瓦克戴爾說,這個公式的另一端就是:長期擁有貿易盈餘的國家,這些國家將吸引投資人投入更多資金,於是,它們的經濟更快速成長。那應該也意味,擁有高額盈餘的新興市場經濟體未來將維持較快速的成長,所以是比較值得投資的地方。

就貿易餘額的層面而言,美國向來是個特殊案例,因為美元扮演世界準備貨幣的特殊角色,所以幾十年來,美國一直得以大量進口商品(並因此產生龐大的貿易赤字),但卻從未陷入外匯危機。

但最近民眾已開始質疑:這樣的貿易赤字還能繼續維繫下去嗎?瓦克戴爾說:「可能不行」「如果這個情況再延續5到10年,終將出現變局。」換言之,如果美國不儘快修正貿易餘額的問題,美元的價值將會下降,而且是嚴重下降。

速查!本指標追蹤要點

■本指標何時發佈:
經常帳赤字是一季發佈一次,大約是在3月、6月、9月和

12月月中某一天的東岸時間早上8點30分公布。

■本指標何處取得：
《華爾街日報》的編輯和記者都會密切追蹤經常帳數據。
當美國商務部發佈這項數據，該報記者就會以新聞快報的
模式，在《華爾街日報》線上版上提出報告。

如果這就是你要的數據，可以上《華爾街日報》線上版的
「市場數據中心」。進入網頁後，你必須點選「行事曆與
經濟」（Calendars & Economy）那一欄中的「美國經
濟事件」（U.S. Economic Events），就可以找到「經常
帳」（Current Account）。

另外，你也可以試試FRED資料庫，裡面有很多歷史資料
可用。

華爾街日報
WSJ.com

市場數據中心
Market Data Center
www.WSJMarkets.com

FRED資料庫
research.stlouisfed.org/
fred2/

投資應用摘要
SUMMARY

	本指標分析重點： 貿易赤字大於GDP的5%（美國除外）
	本指標意涵： 外匯危機可能逼近。
	建議採取的投資行動： 放空那個國家的貨幣。
	應用於投資的風險水平： 極端高
	應用得當的可望報酬率： $$$$⁺$

21

原油庫存

觀察趨勢用途：領先指標

生活中大量的塑膠製品說明了石油與經濟之間的關聯性，所以，石油市場被視為一個能高度反映美國經濟體質的敏感指標。

美國不太可能在近期內戒掉它對原油的癮頭，儘管美國前副總統艾爾‧高爾（Al Gore）或現任總統歐巴馬都非常希望見到那一天到來。

整個工業綜合設施就像一隻暴飲原油的巨獸：民眾上班時要用到石油、家裡的暖氣要用到石油、經營工廠、買任何東西，都需要用到石油。例如，我們屋裡有一半的東西——所有塑膠製品——全都是來自石油。

由於我們的生活高度仰賴對石油的使用，所以，石油市場被視為一個能高度反映美國經濟體質的敏感指標。幸好，對新手經濟學家和未來的交易員來說，能源市場的資訊非常豐富。其中很值得一提的是，美國政府機關之一的能源資訊管理局（Energy Information Administration，EIA），它會定期更新能源業的詳細資訊。

具體而言，EIA每個星期（通常是星期三）都會發佈能源庫存水準的數據。換言之，它讓外界知道美國手上以及它可取得的原油、汽油和燃油（外加其他從原油提煉而來的產品）有多少。這項定期發佈的數據最大的優點是：它讓分析師得以比較各週的存貨水準。

總部位於紐約的期貨經紀商MF全球公司（MF Global）的資深商品分析師愛德華‧梅爾（Edward Meir）說：「就經濟層面來說，低原油庫存和／或存貨水準大幅降低（週與週的比較）通常代表正面意義。這代表工業生產強勁，工廠使用能源、公用事業使用能源，民眾開車去工作、搭飛機或搭船。」

他說，2007年和2008年就是這個情況。當時存貨水準降低，原油價格漲到每桶147美元的歷史紀錄，我們在2010年撰寫本書之際，那個價格還是一個尚未被突破的紀錄。

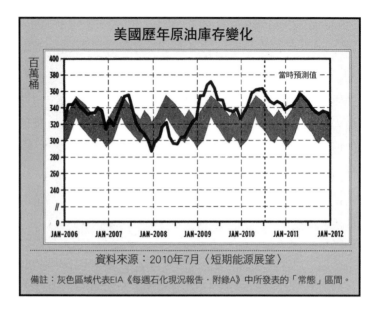

美國歷年原油庫存變化

百萬桶

當時預測值

400
380
360
340
320
300
280
260
240
0
//

JAN-2006　JAN-2007　JAN-2008　JAN-2009　JAN-2010　JAN-2011　JAN-2012

資料來源：2010年7月〈短期能源展望〉

備註：灰色區域代表EIA《每週石化現況報告‧附錄A》中所發表的「常態」區間。

梅爾也提到，那麼高的油價最後導致需求受到壓抑，因為民眾會開始設法規避高能源價格所引發的成本。

本指標延伸的投資策略

梅爾表示，在觀察每個星期三發佈的原油庫存數字時，應觀察的關鍵項目是扣除政府戰略石油準備（SPR）後的原油庫存（有時候稱為貯存量）。平常，除非政府決定釋出其中一部份準備，否則戰略原油準備不能輕易被拿來使用，所以，它其實並非潛在供應來源之一。

梅爾也說，市場對EIA數據的反應，常顯著受到市場預期心理影響。舉個例子，如果市場預期原油庫存將降低一個特定數字，但最後公布的數字卻沒降那麼多，那市場就會將實際的數字視為經濟較預期疲弱的訊號。相同的，若庫存量下降幅度高於預測數，民眾可能就會認定經濟狀況比

投資人所預期的還要強。

不過，梅爾也解釋，要注意商品市場上常見的一個問題：當借款成本異常低時，市場上可能會發生扭曲現象。由於持有商品成本的高低多半取決於「被綁住的」資金量（投入購買商品的資金）多寡，所以，當借錢的成本很低時，投機者通常會發現，透過購買原油來規避通貨膨脹是有利可圖的。

一旦出現這個情況，可能會出現原油庫存上升（有一部份是投機者持有），但價格卻同步上揚的異常現象。但正常來說，庫存上升意味供給過剩，所以價格將同步價跌。

另一個要留意的問題是：暫時性的供給中斷將導致存貨突然下降，但這和經濟基本面無關。這種事件可能包括煉油廠爆炸、戰爭、鑽油禁令和船難等。不過，我們必須先聲明，儘管這些事件將會影響市場價格和存貨水準，但此時價格和存貨的波動通常和基本經濟體質無關。

速查！本指標追蹤要點

■本指標何時發佈：
每星期三大約東岸時間早上10點30，會分發佈上週的數據。

■本指標何處取得：
《華爾街日報》的市場編輯會密切追蹤原油庫存數據。當EIA發佈這項數據，該報記者就會以新聞快報的模式，在《華爾街日報》線上版提出報告。

如果這就是你要的數據，可以上《華爾街日報》線上版的「市場數據中心」。進入網頁後，你必須點選「行事曆與

華爾街日報
WSJ.com

市場數據中心
Market Data Center
www.WSJMarkets.com

經濟」（Calendars & Economy）那一欄中的「美國經濟事件」（U.S. Economic Events），就可以找到「EIA石化現況報告」（EIA Petroleum Status Report）。另外，你也可以直接上美國能源資訊部自行尋找相關資訊。

投資應用摘要
SUMMARY

本指標分析重點:
不包括政府的戰略原油準備，原油庫存增加（減少）。

本指標意涵:
因整體經濟基本面弱勢（強勢），故需求可能轉弱（轉強）。

建議採取的投資行動:
景氣循環型投資標的較為合適，意即。那代表規避（擁抱）高風險投資標的如股票，賣出（買進）容易受經濟情勢影響的股票，如工業公司。

應用於投資的風險水平: 中。

**應用得當的可望報酬率: $$**$$$

22

日本短觀調查

觀察趨勢用途：領先指標

短觀調查不僅是絕佳的領先指標，它的重要性遠比其他國家的類似指標高，因為日本的其他某些官方統計數據並不像其他國家的官方數據那麼可靠。

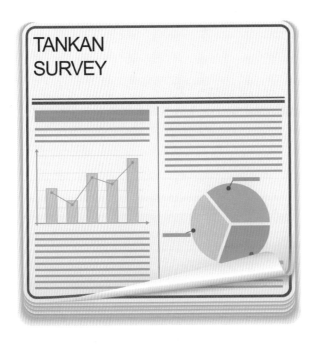

如果你已年過30，應該還記得有一段時間，美國人天天膽戰心驚，唯恐日本人會買走美國的所有地標，怕所謂的「大日本企業」（Japan Inc.）會徹底殲滅美國企業。但那個情況最後並未發生。現在看來，那些憂慮顯得很可笑，因為日本已經歷了20年的停滯，但儘管如此，日本還是舉足輕重的。

根據估計，它是世界第三大經濟體。中國憑藉著眾多人口的貢獻，在2010年晉身為世界第二大經濟體，整體規模略高於日本。然而，儘管目前中國的經濟規模也許比較大，但從某些層面來說，日本還是比較重要，因為以人均基礎而言，日本人比中國人有錢很多。這代表一旦日本的消費者決定要花錢，就會對全球經濟造成很大的影響。

日本的短觀調查是所有想要深入了解日本經濟情況的人的最佳指南。日本央行每一季都會對大約9000家小、中、大型企業的商人進行調查，詢問他們對日本商業情勢的想法，以及他們預期未來物價、銷售、聘僱和匯率及信用情勢將會有什麼變化。

這份報告堪稱當今世上涵蓋面最廣的經濟指標。就某種程度來說，這個指標就像是日本版的供應管理協會製造業加服務業調查，但它的調查範圍更加廣大。

短觀調查的主要指數稱為「商業情勢擴散指數」，它非常容易解讀。根據保險業巨擘瑞士再保公司紐約辦公室的經濟學家柯爾特·卡爾（Kurt Karl）所言：數字高於零，便被視為正面的，意味未來經濟將成長。相同的，他說若指數低於零則視為負面，代表經濟可能趨緩或陷入衰退。

卡爾形容這是一份「博大精深」的調查，意思就是，如果願意深入研究，當中有很多資訊可供經濟學家挖掘。

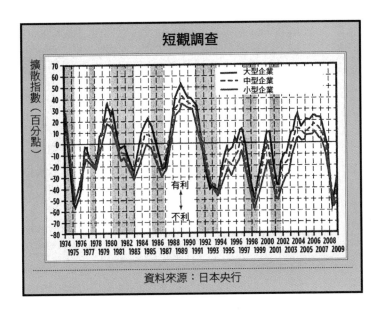

短觀調查

擴散指數（百分點）

大型企業
中型企業
小型企業

有利

不利

資料來源：日本央行

本指標延伸的投資策略

如果你有興趣投資日本，短觀是非常棒的領先指標。附圖
上的淺灰色區塊代表日本經濟衰退，而曲線的部份代表企
業界對經濟的解讀，分別是小型、中型和大型企業的觀
點。這些企業高階主管透過調查，共同事先預測經濟將
衰退或復甦，儘管他們的預測有時候只比實際情況領先一
小段時間，但有時候卻領先很久，如1990～1994年那一
次，而且，他們的觀點從未失準。

短觀調查不僅是絕佳的領先指標，它的重要性遠比其他國
家的類似指標高，因為日本的其他某些官方統計數據並不
像美國等國家的官方數據那麼可靠。舉個例子，卡爾指
出，日本的GDP數字公佈後，經常都會進行激烈的修正。
卡爾說：「這是預測日本經濟時所要面臨的難題之一。」

他提到一個例子，曾經有一次，日本發佈非常強勁的GDP正成長數據，但經修正後，強勁的正成長竟變成緊縮，也就是負成長。換言之，原本代表強勁擴張的數據經修正後，竟變成衰退。如果你要問我們的想法，我們只能說那真的是荒謬絕倫。

卡爾說，短觀調查報告不僅沒有被修正過，更能翔實且可靠地反映日本的經濟體質。事實上，他偏好採用這項指標，較不重視日本政府發佈的GDP數字。

只要看短觀調查的幾個主要數字，就可以了解很多事。不過，如果你願意更深入挖掘，切實追根究柢，更可得知更多真相，因為當中包含經濟體系不同部門的不同系列數據。舉個例子，除了短觀調查的主要數據以外，報告中也包含只和製造部門有關的資訊。

卡爾說，他最喜歡用的一項資料是短觀調查中的「製造業指標」。他認為，它是反映整體經濟體質的最佳指標。

不過，他也提到，儘管短觀數據的整體品質非常好（比政府的GDP數據更可靠），但日本大型製造業提供的數據，品質甚至更高，那是由於製造業的產出比服務業的產出更容易衡量。

當有明顯跡象顯示經濟成長正逐漸改善，投資日本股票應該是合理的考量。小投資人或沒有資源可研究日本個股的人，應該考慮iShares摩根史坦利資本國際公司（MSCI）日本指數（代號EWJ）指數股票型基金，它是以一籃子日本股票為基礎。另外，其他公司也有提供類似的產品。

速查！本指標追蹤要點

■本指標何時發佈：
4月、7月、10月1日和12月中的日本時間早上8點50分。

■本指標何處取得：
這項指標一發佈，就會被轉貼到《華爾街日報》市場數
據中心。進入網頁後，你必須點選「行事曆與經濟」
（Calendars & Economy）那一欄中的「國際經濟事件」
（International Economic Events），就可以找到「短
觀調查」（Tankan Survey）。

另外，你也可以直接找日本央行的資料，因為短觀調查是
日本央行編製與發佈的，你可以上日本央行英文版網站查
詢。另一個重要的日本經濟指標是「工業生產報告」，你
可以在「工業生產報告」發佈網站裡找到這項資訊。

市場數據中心
Market Data Center
www.WSJMarkets.com

**日本央行
英文版網站**
www.boj.or.jp\en\type\stat\
boj_stat\tk\index.htm

工業生產報告
www.meti.go.jp/english/
statistics

投資應用摘要
SUMMARY

本指標分析重點：
確認調查結果是否為正數（負數）。

本指標意涵：
日本經濟很快將會成長（萎縮），不管政府
官方統計數據怎麼說。

建議採取的投資行動：
買進（賣出）一些日本股票或ETF。

應用於投資的風險水平：
高（主因為匯率不確定性，而且日本從大約
1990年以後，整體經濟表現非常弱勢）。

應用得當的可望報酬率： $$$$$

23

美國財政部
國際資本流動報告（TIC）數據

觀察趨勢用途：領先指標（另請參閱"經常帳赤字"及"聯邦赤字"指標）

本指數是將外國人借錢給美國人的意願加以量化的成果，當數值越高，則意味著美國貸款人所需支付的利率越低，其手頭上可用的資金也就越多。

美國人愛花錢，不僅消費者愛花錢，政府也一樣。這就是造成美國走到今日光景的重要原因之一。不過，這當中還隱藏著一個不堪的大秘密：若不是因為外國人心甘情願慷慨借錢給美國人花，我們也不至於走到今日這個地步。

如果外國人不是那麼急切地要把錢給我們，那我們的信用卡未償還餘額、房貸到車貸等的借款成本，絕對會比目前高很多；而且，為了提振出口與抑制我們對原油和中國製品的那種看似永遠無法滿足的慾望，美元的價值理當也會比現在低很多。

美國財政部國際資本流動報告（Treasury International Capital）裡的數據──亦即TIC數據──將外國人借錢給美國人的意願加以量化。

維吉尼亞大學達頓商學院（Darden Business School）的經濟學教授法蘭克・沃諾克（Frank Warnock）解釋，TIC讓我們得以快速掌握流入與流出美國的資金。TIC數據並非沃諾克所發明，不過，他曾協助政府將相關概念具體化為現有的資訊模型，讓財政部所發佈的這項資訊變得對研究人員更有用。

這項數據不僅讓我們了解特定月份流經美國國境的資金有多少，也讓我們知道資金的來源和去處。更具體來說，這項數據追蹤記錄跨國境的股票及債券買賣金額，還有銀行間的跨國境貸款、還款情況。然而，這當中並不包括外國直接投資，也就是企業建造或關閉工廠的相關資本流動。

這項指標很重要，以最簡單的方式來解釋：愈多外國人想買美國證券，當然對美國的所有人都有利，那是因為一般貸款人的利息支出，大致上取決於債券的供給和需求。

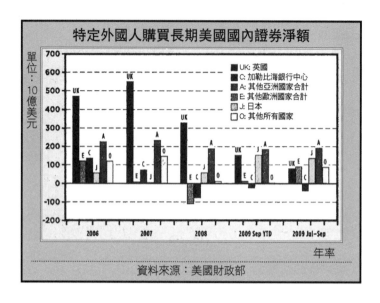

特定外國人購買長期美國國內證券淨額

單位：10億美元

- UK: 英國
- C: 加勒比海銀行中心
- A: 其他亞洲國家合計
- E: 其他歐洲國家合計
- J: 日本
- O: 其他所有國家

年率

資料來源：美國財政部

投資人尤其密切注意，有多少外國人願意拿多少錢來買美國政府證券。這種證券被視為零風險投資標的，其他所有無節稅利益美元（non-tax-advantaged US dollar，即一般美元）貸款人的貸款利率都較高。因此，如果外國人對美國政府公債的需求持續下降（譯注：這意味公債利率將走高），那各種利率全面走高將是遲早的事。

美國政府的財政情況是21世紀初期，最令國際投資人擔憂的問題之一。基本上，聯邦政府借的是美元，而它又能隨心所欲地印製美元，所以，它不像希臘，技術上來說，美國的償付能力並沒有問題，至少目前為止沒有問題。但投資人憂心的是，美元未來的購買力可能會快速下降，不僅是美國國內如此，在海外尤其明顯。

沃諾克說，當我們試著預測長期匯率走勢時，有一個大問題必須先釐清：「外國人是否已開始厭倦美國的證券？如果是，他們會出脫美元計價的資產嗎？」

本指標延伸的投資策略

沃諾克說，觀察2004～2005年間的TIC數據，就能理解當時讓很多經濟學家百思不解的一個現象。具體來說，那是指：當時美國很多經濟指標都顯示利率應該走高，但為何美國的利率還是那麼低？

沃諾克說，原因是：「外國人不斷購買大量的美國國庫券。」那促使債券價格走高，利率降低。「用TIC數據來解釋那個現象最適合也不過了。」

所以，觀察TIC數據時，一定要同時查閱過去和目前的資本流動情況，試著釐清究竟目前的需求是否強勁且持續上升，或是需求疲弱且持續下降。如果需求看起來很疲弱，那麼利率就很可能會上升，美國的經濟成長率也會降低。

不過，TIC數據有幾個問題，其中最值得注意的問題是，它缺乏及時性。儘管這項數據是每個月發佈，但平均而言，它涵蓋的卻是六個星期以前的期間，所以，只使用這項數據，就像開車只看照後鏡一樣。

速查！本指標追蹤要點

■本指標何時發佈：
TIC數據是在月中前後的東岸時間早上9點，發佈上一個半月的資本流動情況（例如，12月中發佈10月的數據）

■本指標何處取得：
要取得TIC數據，可以上《華爾街日報》線上版的「市場數據中心」。進入網頁後，你必須點選「行事曆與經濟」（Calendars & Economy）那一欄裡的「美國經濟事件」

（U.S. Economic Events），就可以找到「財政部國際資本流動報告」（Treasury International Capital）。

另外，你也可以直接從美國財政部的網站取得TIC數據。還有，國際貨幣基金（IMF）也有提供其他國家類似TIC的數據。

投資應用摘要
SUMMARY

本指標分析重點：
外國人對美國證券的需求有無上升（下降）。

本指標意涵：
利率有下降（上升）壓力。

建議採取的投資行動：
注意其他能表徵利率波動的額外訊號，接著，進行適當的投資，例如，若利率看起來將下降（上升），應買進（賣出）固定收益基金。

應用於投資的風險水平：中。

應用得當的可望報酬率：$$$$$

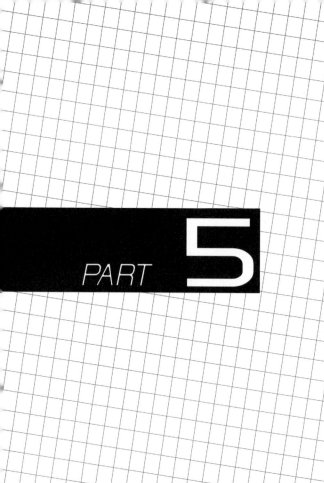

PART *5*

更綜合與多元組成
的經濟指標
MULTIPLE COMPONENTS

很多經濟指標能讓我們看出GDP多項要素──消費（C）、投資（I）、政府（G）、進口及出口（NX）──的變化，畢竟這幾項GDP要素只是極端複雜且環環相扣的經濟現象裡的一些抽象統計概念。

舉個例子，因稅賦的緣故，消費和政府息息相關──當我們多消費，買更多東西，就代表某人把東西賣給我們，所以，他的利潤將增加，企業稅也會增加。

相同的，當銀行借錢給企業，貸款的企業可能會去買機械（使I提高），並進一步可能聘請更多勞工來操作這些新機器。接著，受雇的工人將花更多錢（促使C增加），並繳更多稅（對G有幫助）。

也因如此，我們在這50個超實用經濟指標裡，納入16個能讓我們看出GDP幾項要素變化的指標。

24

褐皮書

觀察趨勢用途：同時指標

褐皮書涵蓋全美12個區域裡的商人及經濟學家對景氣觀點，其內容包括總體經濟與各別區域的詳細描述，尤其適合從事預測工作者。

「褐色」這個顏色一般給人的印象是慣性平庸和平淡中立，不過，不要被那個印象騙了，並因此誤以為聯準會所謂的褐皮書乏善可陳，它可一點都不簡單！不過，褐皮書不像我們匯集的其他指標，褐皮書的主要內容並不是一系列的數字。

相對的，它匯集了許多有關美國經濟狀態的記事。沒錯，FED和人類對話——具體來說，它和涵蓋全美國12個區域裡的商人及經濟學家對話。請參考下一頁的地圖，上面標示了每一個區域的界線。

褐皮書的最終報告包含一份有關整體經濟狀況的完整概述，不過，更重要的是，它也包含和這12個地理區域有關的個別詳細描述。從事預測工作的人就是喜歡這種詳細的資訊，不過，那也代表想要使用這項指標的人必須讀很多資料。

幸好，褐皮書一年只公布8次，而且每個人都能從網路取得這份報告。當然，聯準會的決策小組成員會比你早取得這份報告——大約是在定期召開的聯邦公開市場操作委員會會議（FOMC）召開前兩個星期。

彭博社的經濟學家喬伊・布魯蘇伊拉斯（Joe Brusuelas）說：「它讓我們得以大致揣摩出聯準會官員們的解讀，從而進一步洞悉他們個人對經濟情勢的看法。這份報告可能很有用，因為它是在其他數據發佈前公佈。」

具體而言，它有助於投資人了解FED將提高借款成本、維持借款成本不變，還是降低借款成本。另外，一些聰明的投資者還能透過這份報告警覺到一些迫在眉睫的問題。

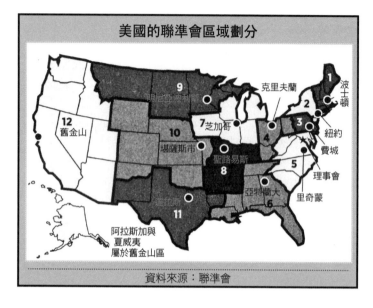

美國的聯準會區域劃分

克里夫蘭
波士頓
芝加哥
紐約
舊金山
堪薩斯市
聖路易斯
費城
理事會
亞特蘭大
里奇蒙

阿拉斯加與
夏威夷
屬於舊金山區

資料來源：聯準會

有時候，某些智者可能會告訴你，FED還發表另外兩份更
重要的報告：藍皮書和綠皮書。但問題是，一般大眾無法
即時取得這兩份報告。所以，這兩份報告對歷史學家很重
要，但卻和經濟預測幾乎無關——換言之，不管一份報告
裡的資訊有多重要，如果你無法取得它，那它就等於沒有
用。

本指標延伸的投資策略

褐皮書和其他指標一樣，有助於投資決策的制訂。讓我
們參考一下2006年11月褐皮書裡有關舊金山區的報告：
「大體上來說，信用品質高且鮮少滯納情事。然而，聯繫
點提供了零星的房屋建築商貸款滯納報告，銀行也已對這
些貸款提高警覺。」

儘管我們接下來的評論顯得有點事後諸葛，但我們還是得

說，從當時的報告，便明顯可見到引發「大衰退」的金融
危機的警訊，較敏銳的人應該都能掌握到這些警訊。以這
個案例來說，避免投資房地產股和房貸相關的投資標的是
穩健的作法。

顯然，類似最近這場金融危機的事件並不常見，所以，要
在這一份出版報告裡尋找經濟即將崩潰的證據，可能並不
容易。不過，褐皮書還是提供了很多可能讓投資人受益良
多的寶貴訊息。

布魯蘇伊拉斯說：「經濟趨緩的訊號對債券投資人有
利。」當褐皮書的記事顯示經濟疲弱（或至少比先前一般
公認的商業環境更弱），那可能意味聯準會將會降低短期
利率，以下調借款成本。布魯蘇伊拉斯說，這對債券投資
人有利，因為當利率降低，債券價值便會上升。

當經濟逐漸改善時，相同的邏輯也適用。布魯蘇伊拉斯
說：「如果褐皮書說經濟表現強勢，那可能意味利率遲早
將上升。」意思就是，聯準會將可能提高借款成本。這可
能意味此時應該避免買進債券，因為當利率上升，債券的
價值可能會縮水。

我們也可以利用褐皮書來了解不同經濟部門如科技業或
製造業的強弱，因為不同產業傾向於群聚在特定的地理
區。舉個例子，布魯蘇伊拉斯說，如果要了解科技部門的
營運情況，最好是閱讀舊金山FED所提供的報告，因為科
技公司都群聚在北加州的矽谷一帶。如果這份報告顯示科
技業公司的經濟情況不錯，那可能值得投資股市裡的科技
股。舉例來說，道瓊兩倍做多科技股（ProShares Ultra
Technology）指數股票型基金（代號ROM）是隨著一籃
子科技公司的價值波動。布魯蘇伊拉斯提醒，由於這項指

標基本上只是一種敘述性的記事，所以，不適合單獨使用，應該參考其他指標的情況。

速查！本指標追蹤要點

■本指標何時發佈：
下一次聯邦公開市場操作委員會會議召開前兩個星期的星期三，東岸時間下午2點發佈。若想了解FOMC會議的時間表，可以上網瀏覽。

■本指標何處取得：
《華爾街日報》的記者和編輯會在褐皮書發佈後勤奮地閱讀它的內容。記者們會在FED發佈這份報告時提出概要報導。另外，我們也會將一份概述張貼在《華爾街日報》線上版的「市場數據中心」。進入網頁後，點選「行事曆與經濟」（Calendars & Economy）那一欄中的「美國經濟事件」（U.S. Economic Events），就可以找到「褐皮書」（Beige Book）。另外，你也可以直接上聯準會FED的網站查詢褐皮書相關資料。

FOMC會議的時間表
www.federalreserve.gov/
monetarypolicy/fomc.htm

市場數據中心
Market Data Center
www.WSJMarkets.com

**FED上的褐皮書
資訊**
www.federalreserve.gov/
monetarypolicy/beigebook/
default.htm

投資應用摘要
SUMMARY

本指標分析重點：
研究報告中和整體經濟體質及特定部門記事
的有關線索。

本指標意涵：
不知名的行政官僚聽到地方商業界的某些意
見後，認為這些意見重要到值得在這份報告
中記上一筆。

建議採取的投資行動：
取決於記事本身的內容，例如，如果經濟看
起來很疲弱，那就買債券！

應用於投資的風險水平：不等。

應用得當的可望報酬率：不等。

25

原油裂解價差

觀察趨勢用途：領先指標

裂解價差有很多種，不過，投資人最關心的是原油和汽油之間的裂解
價差—畢竟我們的經濟高度仰賴汽油。

我們知道你一定會很愛「裂解價差」（crack spread）——基於非常充分的經濟理由，我們主張應深入研究這項指標，這個理由是：汽油。

德意志銀行（Deutsche Bank）華盛頓特區辦公室的首席能源經濟學家亞當·席明斯基（Adam Sieminski）說：「裂解價差是煉油業獲利能力的一項指標。」具體而言，它是衡量將原油提煉為汽油和熱燃油的獲利能力指標。當裂解價差擴大，煉油業務的獲利能力就愈高。當價差縮小，獲利能力就會降低。如果這個價差變成負數，並長期處負數狀態，那煉油活動就會變成一門虧本生意，加油站就不會有汽油可加。不過，這樣我們就會有很多時間可以鑽研其他經濟指標了。

它之所以被稱為「裂解價差」，原因是據說原油必須經過一個裂解——也就是分裂——的過程，才能變成汽油、柴油、熱燃油和其他各種不同的石化原料。

裂解價差有很多種，不過，投資人最關心的是原油和汽油之間的裂解價差。這是有原因的，畢竟我們的經濟高度仰賴汽油。

由於汽油和原油並不是隨時保持同步波動，所以，裂解價差會時而擴大，時而縮小。為什麼它們不是同步波動？德意志銀行的席明斯基表示：「因為影響原油市場和影響汽油市場的因素不同。如果一家煉油場因火災或爆炸而關閉，那熱燃油或汽油價格將可能會有所反應，但原油卻不會。」

他說，相同的，石油輸出國家組織（OPEC）的正式（增／減產）通知有可能會影響到原油的價格，不過，卻不見得會立刻影響到汽油價格。

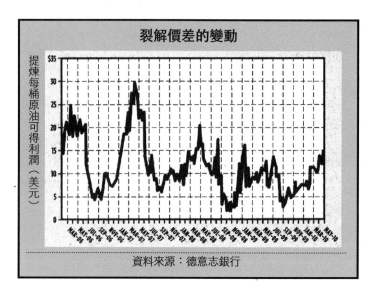

本指標延伸的投資策略

最值得一提的首要注意事項是：裂解價差是季節性的。春天和夏天必須生產較多汽油，而秋天和冬天需要生產較多熱燃油。此外，在年度生產設施維修期間──通常是在冬天將結束時──裂解價差也會上升，因為此時生產汽油的煉油廠減少了，那意味少數還有在生產燃料的廠商，將收取更高的費用。

很多觀察家認為，美國的煉油產能低於顛峰需求期所需。

謹記上述幾項警告，投資人就能利用裂解價差來預測石化燃料未來的供給和需求情勢。當裂解價差偏低，煉油廠的利潤就不高（負價差偶爾才會出現，不過，在它轉為負數以前，某些成本較高的煉油公司可能早就不賺錢了）。在這種情況下，短時間內煉油廠不可能增產，這時，應該留

意是否有原油需求增加，且汽油／熱燃油存貨降低的現象。相反的，當裂解價差偏高，煉油廠會盡可能趁著利潤好時積極增產，這時原油的需求將會上升，但汽油和熱燃油的供給也會增加。

德意志銀行的席明斯基說，投資人可以觀察煉油業務占整體業務比重較高的能源公司，伺機利用裂解價差的擴大來獲取利潤，他特別建議的是維勒洛能源公司（Valero Energy，代號VLO）。他說，當裂解價差擴大，維勒洛公司將因獲利能力改善而受惠，當裂解價差縮小，該公司的利潤有可能會縮水。一定要特別注意，不能因為一家公司從事石油業務，就認為它的煉油業務比重很高。在買進任何一檔股票以前，必須自己多做一點功課。

另外，也要注意，裂解價差只能讓我們了解和兩個市場的單方面資訊：原油的需求面和原油蒸餾產品的供給面。所以，你應該同時使用其他指標——如波羅的海原油運費指數——來了解未來原油供給及其蒸餾產品的需求情況，這樣才能做好在那些市場獲取利潤的準備，也更能了解經濟處於商業循環的什麼位置。

速查！本指標追蹤要點

■本指標何時發佈：
在多數營業日，世界各地都有能源交易，所以能源報價不會中斷。

■本指標何處取得：
你可以輕易從《華爾街日報》線上版的「市場數據中心」取得能源價格資料。進入網頁後，必須點選「能源及期貨」（Commodities & Futures）那一欄中的「能源」（Energy），就可以找到「汽油」（Petroleum）。你可

市場數據中心
Market Data Center
www.WSJMarkets.com

以從中找到輕原油和汽油的價格數據。

這只是第一步,找到近期交易合約的價格後,就必須做一點運算。不過,裂解價差的計算有一點小陷阱。原油價格的報價是以每桶為單位,但汽油和熱燃油卻是以加侖報價(一桶等於42加侖)。

另外,比重的問題也要考慮。一般來說,三桶原油可以製造出兩桶汽油和一桶熱燃油,不過,還是可能生產為其他組合。利用傳統3-2-1法的裂解公式如下:(84*汽油價格+42*熱燃油價格-3*原油價格)/3

CME集團的紐約商品交易所事業部,有提供非常好用的「每月更新資料」。但如果你想取得裂解價差的歷史圖形,就可能得訂閱付費的資料庫服務了。

**CME集團每月
更新資料**

www.cmegroup.com/
trading/energy/monthly-
energy-update.html

**投資應用摘要
SUMMARY**

本指標分析重點:
裂解價差擴大(縮小)。

本指標意涵:
將原油提煉為汽油的利潤比較高(低)。

建議採取的投資行動:
買進(賣出)煉油業務比重高的股票,如維勒洛公司。

應用於投資的風險水平: 高。

應用得當的可望報酬率: $$$$$

26

可取得
信用擺盪指標（CAO）

觀察趨勢用途：領先指標（另請參閱"倫敦銀行間隔夜拆款利率"指標）

可取得借款佔消費者支出的比重非常高。若沒有了自由流動的借款，商業界將迅速陷入停滯狀態，經濟體系也會停擺。

音樂劇《酒店》（Cabaret）裡的名曲《錢、錢》（Money, Money）有一句歌詞說：「錢讓這個世界得以運轉」這話說得幾乎完全正確——但對企業和經濟體系來說，實際上讓它們的一切事務順利運轉的是「信用」——也就是借來的錢。

在2008年那次「信用大危機」（後來迅速演變為「大衰退」）期間，信用完全乾涸，直到那時，這整個世界才終於體認到，原來要維持所有事務的運轉，需要使用到那麼龐大的信用。

如果2008年的信用危機給了這個世界任何教誨，那就是：若沒有了自由流動的借款，商業界將迅速陷入停滯狀態，經濟體系也會停擺。

大致上來說，當企業和個人愈容易取得貸款，經濟活動就會更欣欣向榮，整個經濟也會開始擴張。當貸款難以取得，商業活動就會放緩，經濟則開始動搖。

2007年時，費城一家投資銀行詹尼蒙哥馬利史考特公司（Janney Montgomery Scott）幾位敏銳的債券市場分析師基於這個觀點，發展出可取得信用擺盪指標。他們的研究是在這場信用危機發生之前完成，由此可見他們多有先見之明。

詹尼公司的固定收益策略部門主管蓋伊·李巴斯（Guy LeBas）是可取得信用擺盪指標的主要發明者之一，他說他非常了解經濟體系對信用的依賴。

李巴斯說：「可取得借款佔消費者支出的比重非常高。」2007年時，他特別擔憂一件事：若屋主無法繼續轉貸他們的房貸，消費模式將出現什麼變化？也因如此，他開發

了「可取得信用擺盪指標」（CAO），這個縮寫的英文發音和「cow」一樣，不是開玩笑。

雖然詹尼公司將CAO的確切內部運作模式列為最高機密，但李巴斯還是說明了他使用的某些衡量標準，包括質化與量化的輸入要素。這些輸入要素主要都是用來判斷借錢的難易度。

他們每季針對取得各種不同類型貸款的難易度，展開一份質化數據的調查。另外，他們還用一份每日的量化輸入值來補強每一季的數據，其最後的得出的結論就是每天的CAO數值。

這些量化數據包括某些類型的債券交易價格，尤其是牽涉到消費者的汽車貸款，以及信用記錄不盡理想者——即所謂的次貸貸款人——的貸款。另外，銀行間拆借利率——倫敦銀行間隔夜拆款利率（Libor）——也被納入，這是衡量放款機構間信用流動情形的重要指標。

雖然CAO是2007年才開發出來的指標，但詹尼公司也補上了歷史資料來作為背景參考，如下圖：

本指標延伸的投資策略

CAO不像其他經濟指標，它相對容易理解。0代表可取得信用位於中庸水準，此時不是很容易取得貸款，但也不難取得。正數代表信用流動相對較為順暢。在2000年代中期，這項指標曾達到20幾到30幾，但到2006年年底，這項指數卻大幅降低，甚至轉為負數，呈現2002年以來首見的情況。

李巴斯說：「這代表放款情勢快速惡化。其中的寓意非常

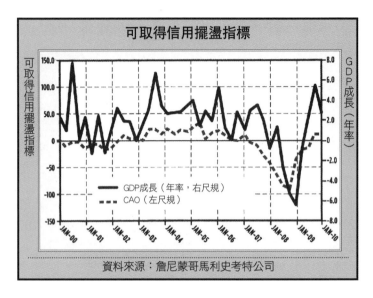

可取得信用擺盪指標

可取得信用擺盪指標

GDP成長（年率）

GDP成長（年率，右尺規）

CAO（左尺規）

資料來源：詹尼蒙哥馬利史考特公司

深遠，因為它意味企業獲利能力轉弱，需求降低且經濟成長轉趨疲弱。這些都是反映大局的寓意。」

包含兩到三季質化調查數據的CAO數據當然比單一數據點更具有趨勢指標性，因為李巴斯能取得CAO組成要素的資料輸入，所以，他也得以比對任何一個可能的趨勢是否大略和多數原始輸入值呈現一致走向，進而判斷趨勢本身是否受到異常數據的扭曲。

值得特別一提的是，我們可以利用CAO分辨是否已產生資產泡沫，若這項指標達到極高水準，意味投資人應該降低槓桿（償還貸款），將投資轉為現金。

速查！本指標追蹤要點

■本指標何時發佈：
隨詹尼蒙哥馬利史考特公司的研究報告發佈。

詹尼蒙哥馬利
史考特公司
Janney Montgomery
Scott LLC
www.janney.com

■本指標何處取得：

CAO指數是詹尼蒙哥馬利史考特公司的專利指數。如果你是詹尼公司的客戶，那這對你來說就是個好消息。李巴斯說，該公司是透過它出版的研究報告，將CAO數據提供給該公司的客戶。

如果你不是詹尼公司的客戶，那就比較難追蹤CAO指數，不過，倒也不是完全不可能。你通常可以透過網路取得所有大型銀行的研究報告，所以，網路搜尋可能是個有用的起步。此外，媒體通常會主動追蹤這種指標，尤其是指標出現大幅變動時。當然，此時你正好也最需要這項訊息。

投資應用摘要
SUMMARY

本指標分析重點：
CAO上升（下降）。

本指標意涵：
借款較容易（難），所以，近期內經濟將可能成長（萎縮）。

建議採取的投資行動：
看起來似乎是介入股票市場的好時機（爛時機）。

應用於投資的風險水平：中。

**應用得當的可望報酬率：$$**$$

27

聯邦資金利率

觀察趨勢用途：領先指標（另請參閱"倫敦銀行間隔夜拆款利率"、"泰德利差"、"信用利差"、"殖利率曲線"等指標）

股票和債券的價值也多少會受利率的影響。一般來說，聯邦資金利率較低時，債券比較值錢；當利率水準較低時，股票也可能比較有價值。

如果你開車時想要車子跑快一點，就會踩油門，如果要它跑慢一點，就踩煞車。美國中央銀行聯準會也擁有一個類似的小器械，可以操控經濟的運轉速度。如果FED想要經濟成長速度放緩一些，它就會提高它的「聯邦資金利率」，也就是銀行間隔夜拆款利率；如果它要加速經濟成長，就降低這項利率。

當然，駕馭經濟比開車複雜且難多了。聯邦資金利率是FED聯邦公開市場操作委員會（FOMC）設定的一項指標利率。東京三菱銀行（Bank of Tokyo-Mitsubishi）紐約辦公室的經濟學家艾倫・詹特納（Ellen Zentner）說，這項利率非常有效，因為它會直接影響到其他利率，包括指數型利率房貸（也就是ARM，亦稱「浮動利率房貸」）的房貸月付款金額、信用卡循環利率，和銀行支付給存款戶的利率。

詹特納說：「當FOMC調整利率，就等於是調整了銀行的營運成本。一旦這些成本被調高，銀行就會馬上把成本轉嫁給消費者。」

所以，如果FED提高利率，就會迅速導致消費者貸款和信用卡負債的成本上升，影響非常重大，那會導致民眾可用來購買物資和服務的錢減少。基於那個原因，當聯邦資金利率被調高時，經濟將傾向於趨緩──或至少只能維持溫和成長。

雖然FOMC傾向於每次只微幅提高利率，但卻還是會對某些人造成很大的衝擊。詹特納解釋：「聯邦資金利率的微幅變動，都有可能變成壓垮任何一個高負債家庭的最後一根稻草。」相同的，對背負沈重信用卡債的人而言，聯邦資金利率的下降有可能像是天上掉下來的禮物，因為他們

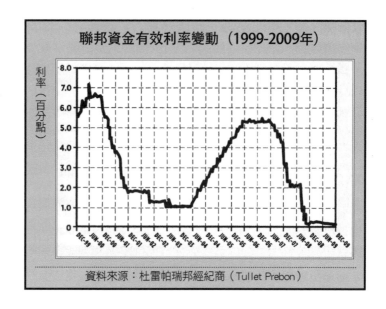

聯邦資金有效利率變動（1999-2009年）

利率（百分點）

資料來源：杜雷帕瑞邦經紀商（Tullet Prebon）

的月付款將因此降低。

本指標延伸的投資策略

由於聯邦資金利率受到密切關注，所以，當大型銀行預期
FOMC可能做出調整利率的決定時，它們甚至可能暫時停
止其他業務。

股票和債券的價值也多少會受利率的影響。一般來說，聯
邦資金利率較低時，債券比較值錢。另外，當利率水準較
低時，股票也可能比較有價值，因為這代表借款成本較
低，企業必須付給銀行的錢較少，所以可留下較多利潤。

基於那個原因，有時候當就業、製造等經濟數據意外較
預期差，就有可能會導致債券和股票市場上漲，因為此
時市場認定FED將降低其指標利率——或至少維持利率不
變——的預期心理將會上升。

聯邦資金利率不容易預測。不過，值得一提的是，從第二次世界大戰以來，每一個經濟衰退期結束時，都可見聯邦資金利率大幅降低。不過，在1960年代、70年代、90年代和2000年代的幾個案例中，因FED降息時機太慢，所以未能防止經濟陷入衰退。誠如附圖所示，2008～2009年那次衰退就是其中一例。

速查！本指標追蹤要點

■本指標何時發佈：

聯邦公開市場操作委員會（FOMC）會議當天的東岸時間下午2點15分，這個會議至少每六個星期召開一次。若要知道開會時程，請瀏覽FOMC會議時間表的網站。

■本指標何處取得：

到《華爾街日報》**市場數據**中心，進入網頁後，在「債券、利率和信用市場」（Bonds, Rates & Credit Markets）標籤尋找「消費者資金利率」（Consumer Money Rates），就可以找到「聯邦資金」（Fed Funds）指標利率。

FRED資料庫是另一個尋找聯邦資金指標利率（還有其他很多利率的資料）歷史資料的好來源。再者，所有新聞網站都會在FOMC最新宣佈事項發佈後幾秒鐘，張貼相關的內容。

如果想了解聯邦資金利率的預期未來動向，可以觀察聯邦資金期貨。**克里夫蘭聯邦準備銀行**的網頁上，有關於聯邦資金期貨運作模式的詳細描述。

FOMC會議的時間表
www.federalreserve.gov/
monetarypolicy/fomc.htm

市場數據中心
Market Data Center
www.WSJMarkets.com

FRED資料庫
research.stlouisfed.org/fed2\

**克里夫蘭
聯邦準備銀行**
www.clevelandfed.org/
research/data/fedfunds/

投資應用摘要
SUMMARY

本指標分析重點:
觀察聯邦資金指標利率是否上升(下降)。

本指標意涵:
未來幾個月經濟可能趨緩(加溫)。

建議採取的投資行動:
開始賣出(買進)製造業股票。另外,也可以考慮哪些公司將能較安然度過即將到來的經濟風暴。

應用於投資的風險水平: 低。

應用得當的可望報酬率: $$$$

28

生育率

觀察趨勢用途：領先指標

當一個國家變得更富有，出生率就會下降。

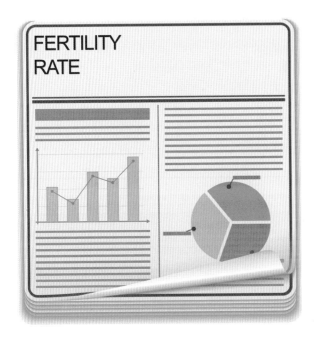

「性」是讓這個世界得以運轉的關鍵因素。因為人類的誕生——性行為的結果——將驅動未來幾十年的支出模式。

相關的概念是，不同年齡的人類傾向於會有不同的行為模式。舉個例子，美國人通常在接近30歲時結婚、生小孩。在此同時，他們傾向於買房子。隨著孩子逐漸成長、離家，父母親才真正開始為退休後的需求存錢。

然而，不同世代的發展模式並非全都相同。在第二次世界大戰後，美國的一股巨大出生潮——嬰兒潮——創造了人口統計上的一個大起伏，這驅動了20世紀後半葉乃至21世紀初期的很多趨勢。

《2010年大崩壞》（The Great Depression Ahead）一書作者哈利‧鄧特二世（Harry S. Dent Jr.）說：「嬰兒潮世代已將他們的家人撫養長大，目前他們開始存錢，而且即將展開退休生活。」鄧特研究出生趨勢——以人口統計領域的術語來說，是指出生率——其中特別值得一提的趨勢是：嬰兒潮世代的下一代——X世代——的人數遠比他們的上一代少。

由於這兩個世代的人口數差異甚大，所以，長期下來，整體所得分配乃至經濟體系不同領域的情況也將激烈波動。舉個例子，由於嬰兒潮世代人口開始年老，花費在醫療保健領域的所得勢必會增加。這項和潛在支出模式有關的研究，讓經濟學家和投資人得以揣摩未來的大略情況。

我們對出生率的另一個了解是：當一個國家變得更富有，出生率就會下降。簡單說，世界上富有國家的婦女傾向於生育比較少小孩。這個現象背後的理論是，較富有國家人口生小孩的誘因比較少。

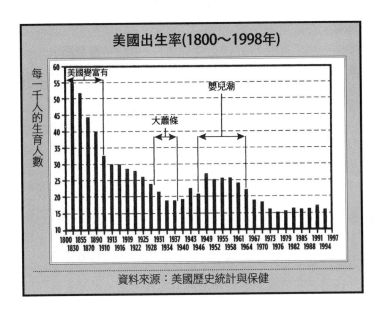

資料來源：美國歷史統計與保健

舉個例子，在貧窮的國度，家長會以貼補家用為由，要求小孩去工作。另外，當他們年老，會有比較多小孩可分擔照顧父母的責任。但在世界上較富有的國家，這些都比較不是問題，因為這些國家立法限制童工，而且這些政府也都能為老人提供健全的社會安全網。

所以，一個經濟體愈富有，它的家庭結構就愈小，而且可供教育、汽車和房屋使用的裁決性所得也較高。

本指標延伸的投資策略

生育率對投資人而言，隱含某些嚴肅的寓意，尤其是資產配置方面。舉個例子，鄧特指出，目前的人口統計趨勢看起來對美國醫療保健產業有利，所以，願意冒險的投資人也許可以注意一下那些股票。

背後的理由是這樣的：多數人的醫療保健支出會隨著年齡

漸長而增加，嬰兒潮世代人口也不利外，而由於這個世代的人口遠比美國其他世代的人口多，所以，為了滿足這一代人口的龐大需求，美國醫療保健事業的成長速度必須比整體經濟體系更快。

公開掛牌交易的醫療保健股票一定能受惠於這股趨勢。因此，考量目前的人口統計趨勢，投資人可能應該考慮加重醫療保健類股佔其資產配置的比重。當然，要考慮的因素還很多，所以，敏銳的投資人在擬定決策以前，應該要多做一點功課。

鄧特也預期嬰兒潮世代所造成的人口統計大起伏，將促使整體儲蓄率上升。他提出這個觀點的論據很容易理解：當民眾漸漸接近退休年齡，就傾向於存更多錢。這不是新概念，嬰兒潮世代的父母親也是如此。而如果人口統計趨勢上沒有那個大起伏，那嬰兒潮世代人口增加儲蓄的影響，將因下一個世代 —— X世代 —— 增加支出的效果而被抵銷，也因此不會產生任何經濟衝擊。

不過，嬰兒潮世代確實在人口統計趨勢上形成一個大起伏，所以，X世代的支出，絕對無法填補嬰兒潮世代增加儲蓄所造成的缺口。

鄧特預測，儲蓄的增加將有害美國經濟。他認為高儲蓄率代表一個大約長達10年的低成長期和疲弱的股票市場——他說，這大約會延續到2020年。

不過，我們也認為，儲蓄率的淨增加意味了未來可供投資的資金將增加，因為經濟學家不斷告訴我們，儲蓄總值必須等於投資總值。

被用來投資的錢的最終流向，將和被用到消費的錢不一

樣。不過，它終究會流到某個目的地，所以，訣竅就是去追蹤那些投資資金流向何處。這時，你就必須參考其他經濟指標，尤其是「耐久財訂單」，從中可觀察到機械投資的成長。

速查！本指標追蹤要點

■本指標何時發佈：
出生數據的公布時間落後非常多，而且經常因國家而異，所以，我們只能說，盡可能隨時掌握最新的資訊。

■本指標何處取得：
如果要找美國到1998年為止的數據，請和我們一樣，採用歷史統計（Historical Statistics）。如果要找最近的數據，則可以上國家保健中心統計局查詢，尤其是它的美國年度保健報告。如果要找其他國家的數據，可以上「國家主人網」（NationMaster.com）查詢，或是查閱中情局的世界現況報告（World Factbook）。

你也可以參閱哈利‧鄧特（Harry Dent）的書：《2010大崩壞》。你不一定要全盤接受他所倡議的觀點，不過，他確實告訴投資人該怎麼利用出生率數據來擬定資產配置策略。

**國家保健中心
統計局**
www.cdc.gov/nchs/

國家主人網
NationMaster.com
www.nationmaster.com/
graph/peo_tot_fer_rat-
people-total-fertility-rate

**中情局的
世界現況報告**
World Factbook
www.cia.gov/library/
publications/the-world-
factbook/index.html

投資應用摘要
SUMMARY

本指標分析重點:
人口統計趨勢變化,尤其是出生率。

本指標意涵:
未來的總體需求變化和特定商品及勞務需求
的變化,如教育和醫療保健。

建議採取的投資行動:
隨著嬰兒潮世代人口逐漸年老且還有錢可
花,買進醫療保健股票。買高等教育相關股
票,因為有一小群人口即將進大學。

應用於投資的風險水平: 高。

應用得當的可望報酬率: $$$$$

29

人均國內生產毛額 (GDP)

觀察趨勢用途：同時指標

醫師藉由聆聽心跳來判斷病患最基本的健康狀況，相同的，經濟學家則觀察人均GDP來了解一個經濟體的健康狀況。

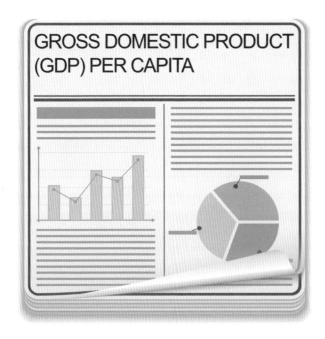

要怎麼知道我們是否漸漸變得比較有錢？人均GDP是這個問題的最佳解答之一。換言之，它是指某個國家的民眾賺多少錢／生產多少金額的產出。人均GDP愈高，代表平均而言，一國的人民愈富有。儘管這項指標的重要性顯而易見，但令人訝異的，卻很少人針對這項指標做詳細的解釋。

舉個例子，2010年時，中國的經濟規模估計超過日本，這是長達一個多世紀以來首見。而那代表中國人平均比日本人有錢嗎？絕對不是！中國的總所得雖略高於日本，但它的人口卻比日本多很多、很多。

中情局的官方估計數據顯示，這兩國2009年的整體經濟規模大約都是5兆美元。不過，真正的重點是：日本的人口只有1億3千萬人，而中國卻有13億人口。所以，日本的人均GDP大約是中國的10倍。

位於匹茲堡的PNC金融服務集團的資深經濟學家羅伯‧戴伊（Robert Dye）說：「醫師藉由聆聽心跳來判斷病患最基本的健康狀況，相同的，經濟學家則觀察人均GDP來了解一個經濟體的健康狀況。高人均GDP的國家，其經濟發展程度一定較高。」

戴伊說，人均GDP數字是判斷生活水準高低的關鍵之一。一般來說，住在高人均GDP國家的人，其生活水準普遍較高。

他說，有一個問題特別需要留意：所得的分配。一個國家的所得有充分分配，多數人的所得都接近平均值嗎？或者所得集中在少數菁英手上，他們的所得極高，但其他人口的所得卻只夠餬口？顯然的，這兩種情境差異甚大。

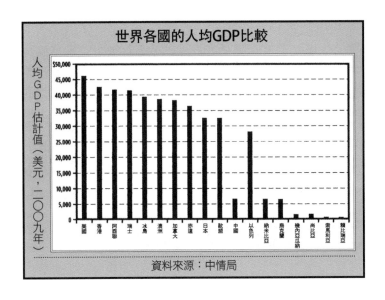

世界各國的人均GDP比較

人均ＧＤＰ估計值（美元，二〇〇九年）

資料來源：中情局

衡量財富平均度的最好方法是使用「吉尼係數」（Gini
coefficient）。當這項係數為零，代表所有人的所得都相
等。如果是1（或100），代表某個人擁有所有財富，但
其他人什麼都沒有。這兩種情況都不存在，連共產國家或
海珊主政時期的伊拉克都沒有出現過。很多國家的吉尼係
數介於0.15至0.45，所得分配算是相當平均。所得分配平
均度非常重要，因為比起所得集中在少數人手中的國家，
所得較充分分配國家（低吉尼係數）的政治較穩定，當然
也較有利於發展商業活動。

本指標延伸的投資策略

當國家變得更富有，這些國家的人民可能就開始會有能力
負擔基本需求以外的開銷。戴伊說：「當你一天只能靠一
美元過活，那除了食物以外，你幾乎無力負擔太多其他東
西。不過，如果你變得比較有錢，就可以開始消費奢侈
品。」

THE
50
Economic Indicators
that Really Matter

不過，以上述「比較有錢」的情況來說，所謂的奢侈品大致上是指鞋子、衣服和燈泡等。但不管怎麼說，這就是「進步」的起點，不管是便利或舒適，都得一步一步去爭取。而開始躋身「富國」之列的國家，將因消費者文化的不斷進步，而成為消化各種新產品的好市場。

不過，也有一些必須注意的問題：你應該檢視那些國家的法律結構。一般來說，良好的商業法律結構將能保護財產權，也能讓貪污的程度降到最低。

在人均GDP階梯上墊底的國家，通常都是從事低附加價值農業和低附加價值的製造業。要向上攀升，就必須從事較高附加價值的業務。多注意利用政府政策引導那個發展流程的國家，因為這些國家未來可能成為快速成長的經濟體，1970年代的智利和1960年代至1990年代的南韓都是最好的例子。

一般來說，投資人喜歡投資正在快速成長且法律制度完善的經濟體。當然，如同其他所有投資標的，這種投資的潛在高報酬也隱含高風險。所以，為了降低直接投資所謂新興經濟體——一般是指投資當地股票——的風險，可以選擇在這些地區從商且經驗老到的公司，其中，美國的跨國企業是很好的起點。

華爾街日報
WSJ.com

中情局
www.cia.gov

速查！本指標追蹤要點

■本指標何時發佈：
第一個GDP估計值是在1月、4月、7月和10月最後一週的東岸時間早上8點30分發佈。一個月後，會發佈一項修正值，再一個月後，將發佈第二次修正值。所以，每個月月底都可以看到某種GDP估計值的發佈。

■本指標何處取得：
《華爾街日報》的編輯和記者都會密切追蹤GDP數據。當相關的新聞一發佈，該報記者就會以新聞快報的模式，在《華爾街日報》線上版上提出報告。

另外，「測量值」網站上有美國和英國的年度數據。其他國家的數據請上「國家主人網」，或查閱中情局上的世界現況報告。經濟合作發展組織（OECD）網站上也提供相關數據，而世界銀行的網站也是尋找其他國家資料的好來源。

經濟合作發展組織
OECD
www.OECD.org

世界銀行
worldbank
www.worldbank.org

投資應用摘要
SUMMARY

測量網
measuringworth.com/index.
php

本指標分析重點：
實質人均GDP上升，所得分配不均的情況不明顯或逐漸改善，而且司法制度尚可接受。

本指標意涵：
經濟可能會開始快速成長。

建議採取的投資行動：
買進經營大量新興市場業務的跨國性企業股票，如果你喜歡冒險，可以直接買這些市場的本國企業。跨國性企業是指在全球各地都有廣泛業務的公司，如百事可樂、通用汽車和開拓重工等。

國家主人網
www.nationmaster.com

應用於投資的風險水平：中到極端高。

應用得當的可望報酬率：$$$$$到$$$$$。

30

倫敦銀行間
隔夜拆款利率

觀察趨勢用途：領先指標（另請參閱"可取得信用擺盪指標"、"泰德利差"指標）

本指數不僅代表銀行對同業的觀點，還是很多消費性及其他企業浮動利率貸款利率的基礎，包括指數型房貸。

你可能會覺得「有時候銀行不信任你。」而如果你覺得這種感覺很不好，那你可以安慰一下自己：有時候銀行同業也彼此不信任。

觀察銀行之間彼此拆借短期無擔保貸款（意思就是這些貸款無需提供擔保品，而是以對貸款銀行的信心和它的信用度為擔保）的利率，就可以衡量它們信不信任對方。

一家銀行根據上述標準去借錢的成本，就是所謂的「倫敦銀行間隔夜拆款利率」（Libor），英國銀行協會（BBA）每天都會發佈這項數據。

倫敦的CMC市場公司（CMC Markets）的首席市場策略分析師亞雪夫・萊迪（Ashraf Laidi）說，Libor利率上升反映可取得資金減少，故整體金融體系的壓力會上升。簡單說，當Libor上升，代表銀行間的資金流動比較不順暢。他說：「倫敦時間早上11點重新調整Libor時，銀行業的流動性會突然出現較大波動。」

BBA會計算十種不同貨幣的Libor，包括美元、澳幣、加元、紐元、英鎊、瑞士法郎、日圓、丹麥克郎和瑞典克郎。他們也會針對不同期間的貸款設定Libor利率，短則隔夜，長則達12個月，總之有很多數字。

官方的Libor數據可回溯到1986年，當時BBA為了協助標準化這類利率的衡量方式，所以推出這項利率。這項利率對當時特別重要，因為那時衍生性金融商品中的「利率交換」（interest rate swap）也剛推出不久。

Libor的意義深遠，它絕對不僅代表銀行對同業的觀點。Libor還是很多消費性及其他企業浮動利率貸款利率的基礎，包括指數型房貸。

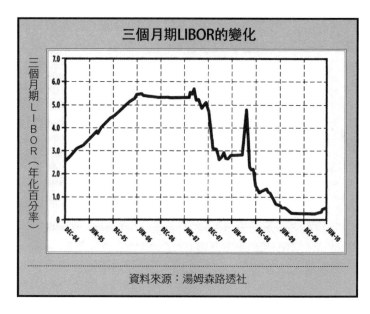

三個月期LIBOR的變化

三個月期LIBOR（年化百分率）

資料來源：湯姆森路透社

光是這一點，就讓Libor的重要性不容小覷，因為房屋成本通常是多數消費者每個月最大的一筆開銷。當房貸成本上升，民眾可用來消費其他物品的錢就會減少，某些民眾甚至會無力支付房貸月付款，不用我們解釋，你也知道那會有多嚴重。

本指標延伸的投資策略

Libor的波動大致上和其他利率一樣──在經濟衰退時降低，經濟榮景期時上升。這個現象所代表的經濟意義很簡單：當經濟狀況良好，消費者和企業的借錢需求會增加，進而促使利率上升。相反的，當經濟情勢疲弱，比較少人願意借錢，借款金額也會降低，利率也因此下降。

在發生金融危機時，Libor尤其能讓人體察到很多意義。Libor在2008年領先經濟下降，這個趨勢並不令人意外，

不過，那一年秋天爆發金融危機時，Libor卻因信用危機而急速竄升。

萊迪說，像2008年那種利率急速竄升的情況，代表金融體系缺乏流動性的訊號。利率的急速竄升也代表一種「風險溢酬」（risk premiium），因為在高度不確定的時期，有錢可用來放款的人會要求要有極高的酬勞，才願意把錢借給別人。而當恐慌的氣氛減輕，Libor降到新低，便意味銀行體系已漸漸回歸正常。

速查！本指標追蹤要點

■本指標何時發佈：
每天

■本指標何處取得：
上《華爾街日報》線上版的「市場數據中心」就可輕易取得Libor數據。進入網頁後，你必須點選「債券、利率與信用市場」（Bonds, Rates & Credit Makets）標籤，並在那一項中的「消費者市場利率」（Consumer Money Rates），尋找Libor。

另外，英國銀行協會也專為提供Libor資訊而成立了一個「Libor資訊網」，你可以在那個網站下載不同貨幣目前與過去的Libor利率。另外，它也有一個推特（Twitter）更新服務：「Libor資訊@Twitter」。請注意，BBA強調這項數據是供個人使用，非供商業用途。不過，這樣應該就能滿足你的需要。

另一個值得使用的管道：《經濟學人》網站上也有提供Libor數據。

市場數據中心
Market Data Center
www.WSJMarkets.com

美國銀行協會
Libor資訊網
www.bbalibor.com

Libor資訊@Twitter
twitter.com/BBALIBOR

《經濟學人》
www.economagic.com\libor.
htm

THE
50
Economic Indicators
that Really Matter

本指標分析重點:
Libor利率是否上升(下降)。

本指標意涵:
經濟正逐漸加溫(降溫),或銀行基於不確定性而要求高風險溢酬。

建議採取的投資行動:
如果這項利率的變化和商業循環有關,應該採取適當的景氣循環性投資作為;如果是因為恐慌而急速上升,則趕快籌措現金。

應用於投資的風險水平: 中。

應用得當的可望報酬率: $$$$$

31

M2
貨幣供給

觀察趨勢用途:領先指標(另請參閱"信用利差"指標)

當M2成長率上升,經濟就會成長,而當M2降低,經濟就會萎縮。

M2 是衡量經濟體系資金量的指標。民眾要知道自己有多少錢比較容易，但要知道整個經濟體有多少錢，就難多了。原因在於，對經濟學家來說，「錢」是一個模糊的用語。它不僅包括紙鈔和硬幣，還可能包括銀行存款帳戶裡的錢。而且，從銀行存款帳戶開始，相關統計就開始變得很微妙，因為在銀行體系以外，還有很多和銀行存款帳戶類似的資金帳戶，這些帳戶的運作模式雖和銀行帳戶一模一樣，但卻基於某種原因而未被列入統計，另外，某些銀行存款帳戶也基於某些原因而無法被列入。

所以，經濟學家發展了很多衡量「錢」的不同指標，其中某些指標的涵蓋範圍很小（M0），有些涵蓋範圍很大（M3）。M2是衡量經濟體系資金量的廣義指標之一，它包括紙鈔（票據）、硬幣和銀行支票存款帳戶及儲蓄存款帳戶。並非所有銀行帳戶餘額都會被列入，只有低於10萬美元的部份才被列入。此外，有些非銀行帳戶如零售型的貨幣市場基金也被列入。

聯準會能影響M2的規模，因為它有能力憑空創造錢，也能將錢化為毫無價值的東西。FED是透過買進或賣出美國政府債券或類似的金融工具，來揮灑這它的這一招金錢魔法。當FED賣出國庫券，目的就是為了取得現金，藉由這個方式，它就能從經濟體系中抽走現金，從而降低貨幣供給。當FED買進國庫券時，當然是用現金去買。換言之，此時它等於挹注資金到經濟體系，讓貨幣供給增加，包括M2。

一般來說，FED會為了加速經濟成長而蓄意提高M2，或是藉由減少M2來減緩經濟成長。不過，決定經濟體系現金多寡的不只是FED。諸如富國銀行（Wells Fargo）和美

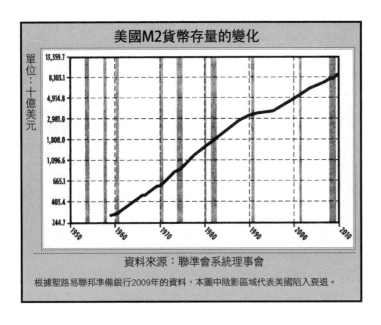

美國M2貨幣存量的變化

單位：十億美元

13,359.7
8,103.1
4,914.8
2,981.0
1,808.0
1,096.6
665.1
403.4
244.7

1950　1960　1970　1980　1990　2000　2010

資料來源：聯準會系統理事會

根據聖路易聯邦準備銀行2009年的資料，本圖中陰影區域代表美國陷入衰退。

國銀行（Bank of America）等銀行，也都能創造或消滅
貨幣──具體來說是「存款」。它們怎麼做？他們承作貸
款，將資金撥入貸款人的支票存款帳戶。在經濟擴張期，
隨著經濟持續成長，銀行業者較有空間承作放款。在經
濟衰退期，他們承作放款的能力會變得比較緊縮，也因如
此，才會有銀行「晴天給傘，雨天收傘」的諺語。

本指標延伸的投資策略

M2有助於預測經濟將擺脫經濟衰退或進入衰退。這項指
標並非絕對安全，不過，如果謹慎使用，將能及早掌握實
際的狀況，比痴痴等待GDP數據好，因為等到GDP數據出
爐，轉折點早就過了。

相關的理論是，當M2成長率上升，經濟就會成長，而當
M2降低，經濟就會萎縮。舉個例子，2001年3月至11

月間，美國經濟處於衰退期。數據顯示，M2年成長率在1999年明顯趨緩，到2000年時，這項成長率仍低於1997～1999年平均值。但到2001年，經濟雖仍處於衰退期，M2卻大幅竄升，比經濟更早開始恢復。

對投資人來說，這項數據非常有用，因為若能掌握這項資訊，你就能事先知道接下來將發生什麼事。這個先見之明能讓你有時間調整投資方向，轉向能在經濟復甦初期表現良好的標的，就過去的歷史而言，那是指成長型股票和小型企業。不過，這個方法也不是百分之百不會失誤。位於格林威治的一家交易公司MKM合夥公司（MKM Partners）的研究部主管麥可．達爾達（Michael Darda）寫道：「以廣義貨幣的成長率來表徵名目需求（即GDP）是不完美的。」

為什麼？因為貨幣在經濟體系的流動速度——也就是貨幣流通速度——有時候有差異。經濟學家認為，流速緩慢的資金的衝擊低於快速流動的貨幣。達爾達進一步引申這一點，他表示，在1990年代初期的復甦和1937年大蕭條的第二次回升那段期間，貨幣流通速度其實是下降的，這讓M2成長率的指標可靠度降低。

然而，他也提到，從1960年至1989年間，M2和GDP成長的關連性很高。根據經驗法則，當企業貸款成本降低——亦即相對於政府貸款成本降低（亦即所謂的信用利差降低）——貨幣流通速度就會上升。

速查！本指標追蹤要點：M2貨幣供給

■本指標何時發佈：
每週四東岸時間下午4點30分發佈兩週前的數據。

■本指標何處取得：

上《華爾街日報》市場數據中心就可取得這項數據。進入網頁後，你必須點選「行事曆與經濟」（Calendars & Economy）那一欄，並在那一項中的「美國經濟事件」（U.S. Economic Events）尋找「貨幣供給」（Money Supply）。

其他資料來源包括聯準會的主網站和FRED資料庫。

市場數據中心
Market Data Center
www.WSJMarkets.com

聯準會
www.federalreserve.gov

FRED資料庫
research.stlouisfed.org\fed2\

投資應用摘要
SUMMARY

本指標分析重點:
M2增加（減少）

本指標意涵:
經濟正在加溫（可能在降溫）

建議採取的投資行動:
介入股票（流動性和現金一樣好的資產），
因為經濟情況可能會改善（惡化）。

應用於投資的風險水平: 中。

應用得當的可望報酬率: $$$$$

32

新屋銷售

觀察趨勢用途：領先指標（另請參閱"成屋銷售"、"新屋開工率"和"房屋簽約待過戶銷售"等指標）

新屋銷售數據和「成屋」銷售不同，其衡量標準是合約簽訂的時間點，而不是交屋時間點。

很多有「美國夢」的人總是想擁有自己的房子。不過，某些幸運兒的夢想更遠大：他們的夢是買一棟全新、沒有人住過的房子。

一家位於佛羅里達朱比特的小型專業研究公司——威斯研究公司（Weiss Research）的房地產分析師麥克・拉爾森（Mike Larson）說，新屋銷售佔房屋市場的比重並不高，不過，它卻是推估未來經濟活動的好用領先指標。

他說，新屋銷售通常大約只佔整體房屋銷售的15到25%左右，其餘的都是成屋，也就是二手屋銷售。他指出，在房地產泡沫破滅後，新屋銷售佔房屋銷售總額的比率曾在2010年跌到5%，不過，他預期這項比率終將回升到正常水準。

新屋銷售之所以被視為領先指標，是因為新屋通常是在房屋開始興建以前就被買走。新屋銷售數據和成屋銷售不同之處在於，它的衡量標準是合約簽訂的時間點，而不是交屋時間點。

如果一則新聞報導提到，某個月的新屋銷售達到數千棟，那代表一旦這些房屋開始動工興建，將會有一連串的經濟活動發生。例如蓋房子得聘請工人，而且在房屋開始興建以前，也需要製造、運送和儲存未來會在實際建築地點使用到的木材、地磚、屋頂材料和電路配線等等其帶動的經濟活動，不勝枚舉。

上述這些活動都會反映在GDP的上升。所以，新屋銷售量的增加傾向於意味未來經濟狀況將好轉。相同的，如果新屋銷售持續降低，則傾向於意味經濟將維持弱勢。

對民眾來說，不管是買什麼型態的房屋——獨立產權的公

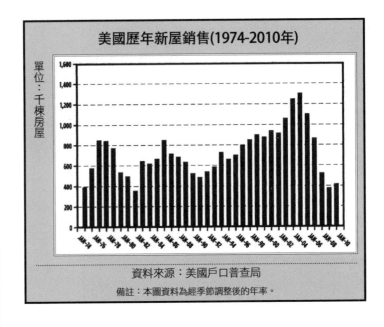

寓、閣樓或獨棟房屋——都是一種大額採購，通常必須借錢才買得起。而一個買屋者必須有足夠信心保住自己的工作和其他來源的所得，他才會去借錢買房子。通常那代表當房屋銷售很強勁時——包括新屋和成屋——就業市場一定也很健全。

本指標延伸的投資策略

上圖確實證明「強勁且持續增加的新屋銷售，顯示未來經濟狀況將好轉」的說法無誤。如果進一步觀察，就會發現新屋銷售通常會在經濟開始陷入衰退前下降，並在整體經濟開始復甦前上升。

這項數據也可用來判斷房地產市場的走向。拉爾森說，戶口普查局每個月會公布新屋銷售數據，最理想的狀態應該是：民眾負擔得起房價、存貨水準低（以幾個月供給數來

呈現）以及低貸款成本，這些條件全都可能意味房屋銷售
將出現不錯的成長。

除了年化的銷售數字，新屋銷售數據也包含很多其他方便
好用的資訊。例如，你可以從中得知房價的中間價和平均
價，以及各個價格區間的房屋銷售數字。此外，裡面也包
括未售出房屋的存貨，以及未售出存貨代表幾個月的供給
量等。另外，裡面還列出了各地區的詳細銷售資訊。拉爾
森指出，南部和西部地區的數字最重要。

利用上述資訊，加上你對不同房屋建築商業務狀況（各建
築商的營運所在地理區域和他們興建的房屋的價格區間）
的了解，也將是判斷不同房屋建築商股票是否值得投資的
好方法。

至於不想投資特定個股的投資人，可能可以考慮SPDR 史
坦普房屋建築商指數股票型基金（代號XHB），這檔基金
是以一籃子房屋建築商為標的。

拉爾森說：「強勁的房屋銷售數據對木匠、地磚製造商、
房屋建築商、水龍頭製造商和銷售原木產品的公司，如威
爾豪瑟（Weyerhauser）有利。」

速查！本指標追蹤要點

■本指標何時發佈：
每個月數據在事實發生後約莫四個星期的東岸時間早上10
點發佈。大約是每個月25日前後。

■本指標何處取得：
《華爾街日報》的編輯和記者會密切追蹤房屋銷售數據。
該報的記者會這項數據發佈時，以新聞快報的方式於線上

版提出報導。

如果這是你想要的數據,上《華爾街日報》線上版的「市場數據中心」就能找到這項數據。進入這個網頁後,你必須點選「行事曆與經濟」(Calendars & Economy)那一欄的「美國經濟事件」(U.S. Economic Events)上的「新屋銷售」(New House Sales)。你也可以追蹤戶口普查局,從中找到新屋銷售數據。

市場數據中心
Market Data Center
www.WSJMarkets.com

戶口普查局
www.census.gov/
construction/nrs/

投資應用摘要
SUMMARY

本指標分析重點:
新屋銷售有無增加(減少)。

本指標意涵:
經濟正在加溫(降溫)。

建議採取的投資行動:
買進(賣出)房屋建築商股票或指數股票型基金,以及供應房屋建築材料,如木料公司的股票。

應用於投資的風險水平: 中到高。

應用得當的可望報酬率: $$到$$$$。

33

費城聯邦儲備銀行：
ADS商業狀況指數

觀察趨勢用途：同時指標（另請參閱"每週領先指標"、"費城聯邦準備銀行商業展望調查"指標）

ADS的平均值是零，高於零代表經濟是正面的，負值則被視為經濟衰退。

費城對投資人特別友好，處處展現它身為友愛城市的姿態，因為美國強大的中央銀行旗下的分行——費城聯邦儲備銀行（費城FED）會定期發佈一系列經濟指標。

美國獨立宣言主張「人類生而平等」，不過，費城聯邦準備銀行發佈的眾多指標中，卻有一個指標顯得比其他指標突出：The Aruoba-Diebold-Scotti商業狀況指數，這個指標唸起來很冗長（寫起來也一樣），但你可以選擇比較省事的方式，為了讓你和本書印刷編輯可以輕鬆一點，我們將稱它為「ADS商業狀況指數」。

這項指數包含各式各樣的經濟數據，而它將這些數據融合在一起，歸納出一個能即時反映經濟現況的指數，這項指數至少每週公布一次，它讓一般投資人得以節省很多精力去應付眾多的個別數據。

輸入的數據包括一個季產出綜合數據、失業指標、工業生產、個人所得減移轉性支出，還有製造／貿易銷售，和GDP成長。

費城聯邦儲備銀行的即時數據研究部主管凱斯·席爾（Keith Sill）說：「ADS把上述所有數據整合成一個具重要統計意義的模式。」

費城FED的經濟奇才們利用一個過濾器來讓數據變得更平滑，以便將公佈頻率較低的數據，如GDP成長數據，無縫結合到公佈頻率較高的指標，如每週初次請領失業保險金人數等。

ADS指數和本書討論的另一個費城FED指標——商業展望調查——不同，前者是觀察整體經濟狀況，而不是只著

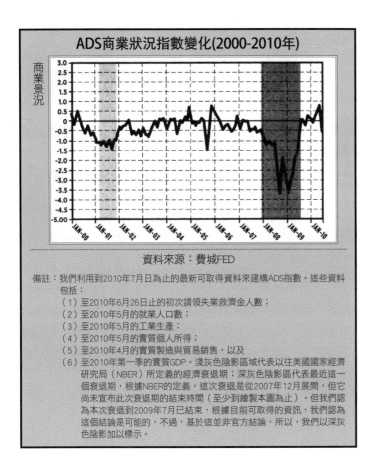

資料來源：費城FED

備註：我們利用到2010年7月為止的最新可取得資料來建構ADS指數。這些資料
　　　包括：
　　　（1）至2010年6月26日止的初次請領失業救濟金人數；
　　　（2）至2010年5月的就業人口數；
　　　（3）至2010年5月的工業生產；
　　　（4）至2010年5月的實質個人所得；
　　　（5）至2010年4月的實質製造與貿易銷售，以及
　　　（6）至2010年第一季的實質GDP。淺灰色陰影區域代表以往美國國家經濟
　　　研究局（NBER）所定義的經濟衰退期；深灰色陰影區代表最近這一
　　　個衰退期，根據NBER的定義，這次衰退是從2007年12月展開，但它
　　　尚未宣布此次衰退期的結束時間（至少到繪製本圖為止）。但我們認
　　　為本次衰退到2009年7月已結束，根據目前可取得的資訊，我們認為
　　　這個結論是可能的，不過，基於這並非官方結論，所以，我們以深灰
　　　色陰影加以標示。

眼於費城FED所管轄的小區域。此外，由於ADS經常更
新——至少每週更新一次，有時候更頻繁——所以，它能
反映非常即時的經濟狀況，讓分析師不用久候就有參考數
據可用，不像每一季GDP數字，要等很久才出爐。

本指標延伸的投資策略

ADS很容易解讀。平均值是零，高於零代表經濟是正面
的，負值則被視為經濟衰退。

ADS指數可以用來比較不同時期的商業景況。舉個例子，如果指數值為-3.0，可能代表商業景況顯著比1990～1991年或2001年的衰退期還要差，因為在那兩段時間，ADS指數從未跌破過-2.0。

不過，這項指標有幾個麻煩的問題要注意，它的零平均（zero average）會被定期調整。就實務上來說，那代表你必須定期捨棄所有ADS歷史數據，採用調整後的數字。

席爾說，要觀察一項ADS數值的意義，最好的方法就是將某個時間的特定ADS指數拿來和過去曾出現相似數值的時間點做比較。因為這項數據是從1960年起就開始進行估算，所以，有很多個商業循環可用來觀察比較。

幸好，費城FED將ADS圖繪製為一個時間序列圖，並以柱狀陰影標示衰退期，這讓投資人——尤其是對於新手經濟預測者——得以輕鬆比較過去經濟陷入與走出衰退時的ADS數值。

速查！本指標追蹤要點

■本指標何時發佈：
每天

■本指標何處取得：
費城FED的即時數據研究中心免費提供ADS商業狀況指數的數據和其他來源，當組成這項指數的幾個要素一發佈，這項數據就會更新。

費城FED的
即時數據研究中心
www.phil.frb.org\research-
and-data\real-time-center

投資應用摘要
SUMMARY

早一點看懂趨勢
的投資用經濟指標

Part 5
更綜合與多元組成
的經濟指標

本指標分析重點:
ADS上升(下降)。

本指標意涵:
經濟正在加溫(降溫)。

建議採取的投資行動:
介入(退出)較高風險的資產,如股票或高
收益/垃圾債券。

應用於投資的風險水平: 中。

應用得當的可望報酬率: $$$$$

34

費城聯邦儲備銀行：
商業展望調查

觀察趨勢用途：領先指標（另請參閱"費城FED的ADS商業狀況指數"
指標）

對於想要盡可能深入探究最詳細真相的人來說，本指標正如同美國版
的日本短觀調查，非常值得鑽研。

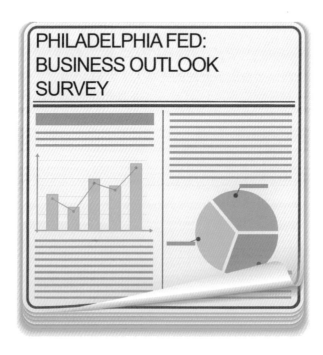

想像你面前放著一桶看起來其貌不揚的未開封冰淇淋。現在，再想像一下，當你打開它時，發現裡面充滿許多你愛吃的東西，像是胡桃和焦糖，你細細品嚐了幾口你從未嚐過的這款冰淇淋，結果，你發現自己愛它的程度，勝過你過去最愛的口味。

你應該以這種態度看待費城聯邦準備銀行的商業展望調查。對於想要盡可能深入探究最詳細真相的人來說，這個指標絕對是必讀的，它是最接近日本短觀調查的美國版經濟指標（費城FED也發佈Aruoba-Diebold-Scotti商業狀況指數，敏銳的投資人也應該密切注意這個指數。）

表面上來看，商業展望調查看起來有點無趣。畢竟它只是針對經濟體系裡的一個小區域——東賓州、南新澤西州和整個德拉瓦州——所做的製造業調查。不過，不要因此誤以為這份調查不重要。

它的第一個可貴之處是這項指標本身，它是一個「擴散指數」，這種指標是衡量受訪者（該地區的製造業者）對特定主題的感受。主要指數是衡量以下問題的答案：「你對目前一般商業活動水準有什麼評估？」然而，這項調查不僅詢問受訪者對當前經濟情況的看法，也會問受訪者認為未來六個月經濟會多好或多糟。如果數值高於零，代表經濟處於擴張期，也就是說，經濟體系的製造業部門處於成長期；如果數值低於零，則代表處於緊縮期。

真正可貴的是，除了整體擴散指數以外，這份調查裡還包括幾項和商業界非常具體的次領域有關的指數，包括：新訂單、交貨、未完成訂單、交貨時間、存貨、支付價格、取得價格、員工數、平均週工時和資本支出。

總部位於夏洛特市的銀行業巨擘——富國銀行的經濟學

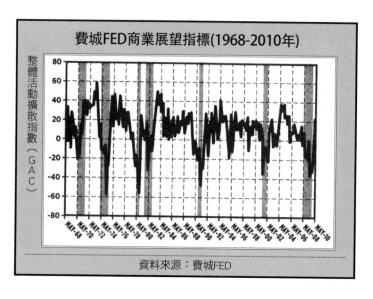

費城FED商業展望指標(1968-2010年)

整體活動擴散指數（GAC）

資料來源：費城FED

家之一提姆‧昆蘭（Tim Quinlan）說：「就某種程度來說，當我們處在商業循環的不同位置時，我（對這項指標）最感興趣的要素也不太一樣。」

舉個例子，當經濟進入復甦初期，昆蘭會觀察就業數字。在企業開始增聘人手以前，工時會先增加。昆蘭說，企業主的態度通常是：「唯有等到全職員工的工時達到最高法定水準以後，才會逐步徵召員工回來工作。」

那代表工時的持續增加可能是一項重要的領先指標，也就是領先整體經濟的指標。

本指標延伸的投資策略

儘管擴散指數的絕對水準很重要，但在使用這個數字時，也應該參考它比上一期水準的變化。舉個例子，如果這項

指標從「極正面」（如26點）下降到「些微正面」（如3點），那就值得擔憂。

相同的，從「極負面」（如-30點）變為「些微負面」（如-5點），卻可以正面看待，尤其如果指數本身顯示經濟已達轉折點。

使用這項指標的另一個訣竅是：深入挖掘從屬指數，並觀察如果特定指數發生變化，哪些股票可能會表現強勁。

昆蘭說，他喜歡觀察新訂單指標。他解釋：「這項指標有上升嗎？如果有上升，那我就會預期商業支出將同步上升，接著工廠訂單和資本財稍後也會增加。」「在一個正常的商業循環，上述情況代表本區域的製造商獲利能力將上升。」如果其他經濟指標也是朝相同的方向發展，那就應該從投資的觀點出發，仔細追蹤該區域企業的股票。

不過，昆蘭也提出警語，他說，儘管這項調查很好用，但它畢竟是衡量「信心」的指標，不是衡量具體的數據。另外，因為它調查受訪者對未來六個月的展望，這段期間過長，當然也使這項數據的可靠度低於當期數據。

儘管如此，信心終究是驅動商業界的重要力量。如果信心疲弱，未來的經濟狀況就不可能強盛。

速查！本指標追蹤要點

■本指標何時發佈：
每個月第三個星期四的東岸時間正午12點。

■本指標何處取得：
上《華爾街日報》市場數據中心就能找到這項數據，進入

市場數據中心
Market Data Center
www.WSJMarkets.com

費成FED的
商業展望調查
www.phil.frb.org\research-
and-data\regional-economy\
business-outlook-survey

這個網頁後，你必須點選「行事曆與經濟」（Calendars & Economy）那一欄的「美國經濟事件」（U.S. Economic Events），這樣就可以找到「費城FED」（Philadelphia FED）。另外，你也可以直接到費城聯邦準備銀行找完整的報告，它每個月都會發佈「商業展望調查」。

投資應用摘要
SUMMARY

本指標分析重點：
擴散指數上升（下降）。

本指標意涵：
經濟正在加溫（降溫）。

建議採取的投資行動：
買進（賣出）較高風險的資產，如股票和高收益公司債，並退出（介入）較安全的投資標的，如政府公債和現金。
比較有冒險精神的人可以深入研究其從屬指數的資訊，從中研判特定產業或部門的可能動向。

應用於投資的風險水平：中到高。

應用得當的可望報酬率：$$$$到$$$$$$。

35

實質利率

觀察趨勢用途：領先指標

當實質利率為負數，就代表FED採取寬鬆政策，這將能加速經濟成長。如果實質利率為正數，代表它採取緊縮政策，將傾向於減緩經濟成長速度。

觀察FED——也就是試圖釐清聯準會政策立場——向來是一個令人傷透腦筋的經驗。民眾描述經濟學是一門「憂鬱的科學」，而如果你聽過聯準會主席和相關重要人士的聽證會內容，應該會賦予這個描述全新的意義。

其實可以不用費事去揣摩那些聽證會發言的意義，只要觀察所謂的「實質利率」，就能了解FED打算做什麼。這件事雖然很簡單，但從中卻能獲得非常多訊息。

費城一家投資銀行公司——詹尼蒙哥馬利史考特公司——的首席固定收益策略分析師蓋伊‧李巴斯說：「它是衡量貨幣政策是否寬鬆的好指標。」

要計算實質利率，必須將牌告利率——也就是名目利率——減去通貨膨脹所帶來的負面影響。（實質利率＝名目利率－通貨膨脹）。換言之，你必須考慮如果你投資政府證券，那未來收回這筆本金加利息後，你還能買到多少商品和勞務？

如果這筆錢能買到的商品和勞務比你現在可以買到的還要少，那一般就會說，實質利率是負數。如果這筆錢未來能讓你買到比較多商品和勞務，那實質利率就是正數。

那又怎麼樣？很簡單，如果你知道實質利率是正數或負數，就能掌握聯準會政策的概況。具體來說，實質利率讓我們知道FED目前是採取寬鬆政策，還是緊縮政策。

當實質利率為負數，就代表FED採取寬鬆政策，這將能加速經濟成長。如果實質利率為正數，代表它採取緊縮政策，將傾向於減緩經濟成長速度。

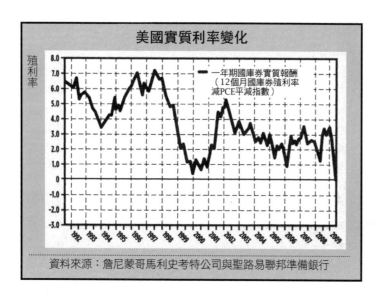

資料來源：詹尼蒙哥馬利史考特公司與聖路易聯邦準備銀行

實質利率愈低，愈多貸款人想借錢，這會對經濟的消費及
投資部門構成支撐。當實質利率上升，民眾就比較不想貸
款，當然也會傷害到投資和消費。

本指標延伸的投資策略

當經濟擴張時，實質利率會上升，而經濟衰退時，實質利
率會下降，這大多是導因於經濟體系的貨幣需求的變動。
實質利率通常會在經濟開始復甦以前就下降，因為此時名
目利率持平，而通貨膨脹預期心理上升。

歷史上曾出現幾次中央銀行降低貸款成本，但卻未能顯著
提振經濟的情況：舉個例子，美國的大蕭條期間和日本的
大停滯（1990年迄今）。原因很簡單：民眾預期經濟將
陷入通貨緊縮，也就是商品及勞務的整體價格將下跌。那
代表實質利率仍舊很高，高到不利於經濟復甦。

211

實質利率對投資人也隱含重要寓意。詹尼公司的李巴斯說：「理論上來說，如果實質利率為負數，那不管你投資什麼東西，都應該會賺錢。」「這個理論偏離了『短期而言，市場波動性絕對會侵蝕掉利潤』的事實。」

李巴斯指出，整體來說，在負實質利率時期，商品的表現比較好，尤其是工業用金屬。但他建議迴避金屬公司的股票，因為那會讓投資人暴露在股票市場風險中。

相反的，他說，當實質利率很高，就是聚焦債券市場的時機。他也指出，美國的實質利率幾十年來一直都很高。

李巴斯還提到另一個重要的訣竅：有很多方法可以計算實質利率，但多數方法的核心問題都是：該怎麼衡量通貨膨脹？李巴斯比較偏好用於計算國內生產毛額的個人消費支出（PCE）平減指數，因為這項指數也將消費者的偏好列入考慮。

他說：「消費者物價指數（CPI）假設某年買進一組商品的某個人今天也將買那同一組產品。」「但其實民眾的行為不盡然如此：如果巴瑞起司的價格上漲，一般人可能會轉買史提頓起司。」

速查！本指標追蹤要點：實質利率

■本指標何時發佈：
每天，或當利率或通貨膨脹的新數據發佈時。

■本指標何處取得：
要計算這個指標，必須先找到兩項數據。你必須找到系列名目利率，並將之扣除通膨衡量指標，例如消費者物價指數、生產者物價指數、GDP的PCE平減指數或其他指標。

上《華爾街日報》市場數據中心就可以找到通貨膨脹和名目利率兩項數據。通貨膨脹數據可以在「行事曆與經濟」（Calendars & Economy）那一欄裡找到，而利率資訊則是在「債券、利率與信用市場」（Bonds, Rates& Credit Markets）那一欄。

另外，你也可以到FRED資料庫尋找必要的數據，那裡也有TIPS——亦即國庫通貨膨脹證券的數據。在正常的市場狀態下，TIPS可作為衡量通貨膨脹預期心理的直接指標。然而，在非正常狀態下——如2008～2009年的信用大危機時期，TIPS的價值卻會大幅降低，因為當時的通貨膨脹預期心理大幅上升。

市場數據中心
Market Data Center
www.WSJMarkets.com

**國庫通貨膨脹
證券的數據**
research.stlouisfed.org\
fred2\categories\82

投資應用摘要
SUMMARY

本指標分析重點：
實質利率上升（下降）。

本指標意涵：
近期內經濟將萎縮（成長）。

建議採取的投資行動：
當實質利率為負數時，宜買進實體資產，不過，要小心短期波動。當實質利率為正數時，買進債券，因為名目利率將會降低，進而引爆債券市場的多頭走勢。

應用於投資的風險水平：中到高。

應用得當的可望報酬率：$$$$$到$$$$$。

36

空頭淨額

觀察趨勢用途：領先指標

放空股票的行為總是容易引來嚴重的大眾負面觀感，但當一檔股票被放空的股數很多，對股價反是有利的。

賭一家公司會失敗似乎很不符合美式風格，畢竟我們是一個充斥樂觀主義者的國家。儘管如此，我們依舊可以向「唱衰者」學習，尤其是賭公開掛牌公司會失敗的人。當股價下跌，這些所謂的放空者就會賺錢，而我們也可以將他們的活動視為一種投資指標。

當放空者看壞一家公開掛牌交易的公司，他會去借這家公司的股票，進而將股票賣掉。如果在他返還股票的最後期限以前，這些股票的價格下跌，那他就會賺錢。這只是單純的賣高買低，而非買低賣高。

一家特定公司被放空的總股數稱為「空頭淨額」（short interest）。絕對精確來說，空頭淨額是一種投資指標，而非經濟指標。不過，我們將這個指標列入本書的原因是，經濟指標和投資指標其實密切相關。此外，更值得一提的是，本書是一本教投資人如何利用指標賺錢的書，就那個層面而言，這個指標並未離題。

放空股票的行為總是容易引來嚴重的大眾負面觀感。公開掛牌企業的經理人通常都不喜歡他們的股票被放空，說起來，這應該一點也不意外。有時候，政府會暫時限制放空特定類型的股票，例如2008年金融危機最熾烈的那段間，政府禁止放空某些銀行／金融股。

儘管大眾對放空行為的觀感不好，但放空者所傳達的訊息，卻對我們非常有用，原因是，空頭淨額是一種反向指標。以最簡單的說法而言，當一檔股票被放空的股數很多，對股價反是有利的。

被放空的股數代表潛在購買力的來源。原因是，放空的部位不能永遠保持放空狀態。到最後，放空者終究必須返還他們借來賣掉的股票。相關的財務理由有幾個：當你放空

股票，你必需支付利息給借你股票的人，同時還要將應付股利付給他。此外，如果股價上漲，把股票借給你的經紀商可能會為了衍生任何損失而要求你增加擔保品。

這種大漲行情有時會迫使無力增補額外保證金的放空者買回股票，回補放空部位。屆時，那股額外的買進力量有可能讓股票進一步上漲。簡單說，高空頭淨額對股票來說，是一個有利的訊號。

本指標延伸的投資策略

平均而言，股價長期趨勢是向上的，所以，無論怎麼樣，放空股票都可能不會是一種能讓你成功的策略。成功的放空者必須挖掘出能讓某一檔股票下跌的具體原因，就像2008年導致雷曼兄弟股價下跌的原因。

不過，偏偏放空者經常判斷錯誤，故敏銳的投資人可以趁著他們犯錯時為自己獲取利益。

紐約的WJB資本集團（WJB Capital Group）的技術分析師阿多佛·盧伊達（Adolfo Rueda）說，其中的竅門是尋找一檔空頭淨額相對極高的股票，而且，它還必須是一家經營完善且價值面評價夠吸引人的公司，「那種情況讓我知道，有些人對它的基本面情況判斷錯誤。」

衡量一檔股票是否有很多放空淨額，最好的方法就是分析以該股票最近的交易量來說，淨空頭部位要幾天才能回補完畢。計算出來的數字就是一般所知道的「空頭淨額率」。如果空頭淨額率等於2，代表要兩天的交易量才能買回全部被放空的股票。

身為技術派分析師，盧伊達在判斷是否要買一檔股票時，

薩克斯公司（SAKS Inc.）2009～2010年空頭淨額

資料來源：《每日金融報》

會根據股價線圖的型態，衡量是否要買進。另外，他利用
空頭淨額數據來強化上述分析。他說：「我發現，最好尋
找線圖結構理想或趨勢偏向正面的股票，接著，回頭看看
它的空頭淨額數據。」換言之，當他發現一檔股票的線圖
趨勢偏向正面，而且擁有非多空頭淨額，那他就會考慮買
這一檔股票。

平日是透過解讀財務報表來分析一家公司的人，也可以
使用相同的方法。但盧伊達說，太過重視股票指數型基
金──例如，以主要股票市場指數為標的的基金，像是
SPDR史坦普500 ETF（代號SPY）──的空頭淨額可能不
太明智。

問題在於，有些基金經理人會利用那種ETF來從事一些高
難度的避險活動，那種行為有時候並不代表他們認為某一
檔指數會下跌。[註3]

盧伊達說：「這會有點曲解那個數據的意義。」

速查！本指標追蹤要點

■本指標何時發佈：
每個營業日

■本指標何處取得：
上《華爾街日報》線上版的「市場數據中心」就能找到一些和空頭淨額有關的有用數據。一旦進入這個網站，你必須點選「美國股票」（U.S. Stocks）標籤，接著尋找「季／月快報」（Quarterly / Monthly Snapshots），其中便可找到放空部位最高的股票清單。

此外，大型交易所如紐約證券交易所和那斯達克都會發佈美股空頭淨額報告。《每日金融報》網站也提供空頭淨額數據，包括放空比率，另外「放空訊息」網站也有相關資訊。

* * * * *

註3：舉個例子，假定一個基金經理人預期一檔銀行股的表現將超過它的同業，他可能會放空一檔持有一籃子銀行股的ETF，接著再利用放空取得的價金來買進他預期將會超越整體族群表現的那一檔股票。那樣一來，即使整個銀行族群——包括他看好的股票——的價格下跌，但若他看好的股票表現比整體族群稍好，這個基金經理人還是有機會獲利。

市場數據中心
Market Data Center
www.WSJMarkets.com

每日金融報
Daily Finance.com
www.dailyfinance.com

放空訊息
Short Squeeze
short.squeeze.com

本指標分析重點:
一家經營良善、基本面穩固且技術面趨勢偏多的公司,其放空比率上升。

本指標意涵:
放空的賣方可能偷雞不著蝕把米。

建議採取的投資行動:
買進該公司的股票,期待放空者會在「回補」股票(也就是買股票還給借股票給他們的人)時推升價格。

應用於投資的風險水平: 極端高。

應用得當的可望報酬率: $$$$$

37

羅素2000指數

觀察趨勢用途：領先指標（另請參閱"利率的風險結構"指標）

本指數會隨著2000檔較小型的公開交易股票波動。多數專長於小型股的基金經理人，都以這項指數作為比較標竿。

如果你住在美國，那你在小型企業上班的機率應該頗高。小型企業是創造多數工作機會的火車頭，不過，它們的風險比大型企業高。

藉由觀察投資人對待這些較高風險的小型企業的態度，便能深入了解更廣泛的經濟體系。試著想像一下，大海上的一艘大型戰艦旁有一艘小艇。此時大型戰艦保持穩定，但小船卻因海水的拍打而東飄西盪。受到經濟衝擊打擊的企業也會呈現相同的情況。

投資人知道投資較小型企業的風險比投資大型企業高。不過，他們也知道，一旦經濟狀況好轉，小型企業將比大型企業更明顯受益，這就如同平靜的海面對小船比對大型船艦有利。

這就是我們選擇羅素2000指數的原因：它讓我們得以衡量投資人的風險偏好，而從投資人的風險偏好，我們又得以推想經濟的情況。具體而言，羅素2000（代號RUT）指數是隨著兩千檔較小型的公開交易股票波動。多數專長於小市值股票（小型股）的基金經理人，都以這項指數作為比較標竿（benchmark）。

「市值」的定義是：「一家公司的價值」。具體來說，它是指一家企業「所有流通在外股票」以當前股價計算的金額價值。這部份很容易理解。

至於「小」，就有點難定義，它是隨著時間而改變。大致上來說，這是指價值低於10億美元的企業。根據羅素投資公司網站上的描述，2010年年中，羅素2000指數成分企業的平均市值大約是4億美元。換言之，平均來說，這一檔指數的成分企業都是市值低於5億美元的小型股——這個規模在現代來說，確實是非常小。

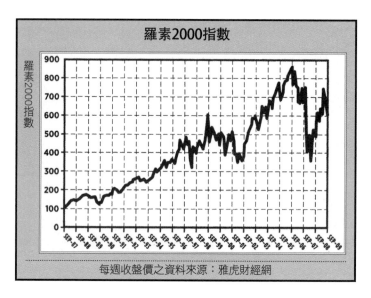

羅素2000指數

每週收盤價之資料來源：雅虎財經網

讓我們舉個例子來做比較：在同一天，奇異公司的市值高達1700億美元。相較之下，便可見羅素2000指數的成分股真的非常微小。

那麼，觀察這項指數又能讓我們體會到什麼深意？總部位於紐約的資產管理公司聯合智商公司（Fusion IQ）執行長巴瑞‧瑞索茲（Barry Ritholtz）——也是《紓困之國》（Bailout Nation）一書的作者——說：「如果涵蓋面更廣的指數，如史坦普500指數（代號GSPC）只是維持震盪，但小型股卻上漲，那代表風險偏好可能已經回升。」

投資人風險偏好上升對風險性資產有利，因為它代表經濟將擴張。如果對照到現實經濟世界，風險偏好上升代表企業將採購新機械和設備，這時小型企業的營運傾向於變得非常亮麗。

本指標延伸的投資策略

所有指數的共同問題是：市場的波動性有時候比較大。20
世紀的偉大經濟學家凱因斯（Johm Maynard Keynes）
形容得最貼切：「市場會長期維持不理性，直到你資金週
轉不靈為止。」

基於那個原因，瑞索茲表示，千萬不要太快做出錯誤的
結論。舉個例子，他說，羅素2000指數在2009年年底至
2010年年初之間大漲，這一波急漲走勢可能是導因於風
險偏好上升，但也可能是因為該指數在那一年稍早受到嚴
重打壓所致。

股票經過一段長時間的下跌後，通常會出現反彈的走勢。
有些人稱之為「技術性反彈」，也有人說是「死貓反
彈」，這種反彈有時候和實體經濟狀況或投資人預期心理
的變化無關。

瑞索茲說，市場指數有時候簡直像墨跡測試，個人的解讀
莫衷一是，無奇不有。基於那個原因，他建議應該避免一
味偏執於你期待它存在，但其實並不存在的任何事物。換
言之，他認為應該用開放的心態來看待各種數據，而不要
先入為主且不管三七二十一地拚命試圖「證明」自己的想
法是對的。

你應該問自己一個好問題：有沒有另一個合理的說法可用
來解釋為何眼前的現象會發生？其他數據也支持這個結論
嗎？不管是在觀察羅素指數或本書介紹的其他多數指標，
都應抱持這種懷疑態度，你將因此獲益良多。

如果你想投資羅素2000指數，最簡單的方式可能是透過

iShare羅素2000指數基金（代號IWM），這是一檔指數股票型基金，它會隨著這個指數波動。

速查！本指標追蹤要點

■本指標何時發佈：
連續不斷。

■本指標何處取得：
想取得羅素2000指數的數據，可以上《華爾街日報》市場數據中心。一旦進入這個網站，必須點選「美國股票」（U.S. Stocks）標籤，在「其他美國指數」（Other U.S. Indexes）項目下即可找到。

此外，雅虎財經網站上也能找到羅素2000指數的交易價格數據。指數本身的詳細描述，則可以上羅素投資公司的網站查詢。

市場數據中心
Market Data Center
www.WSJMarkets.com

雅虎財經網
www.finance.yahoo.com

羅素投資公司
Russell
www.Russell.com

投資應用摘要
SUMMARY

早一點看懂趨勢
的投資用經濟指標

Part 5
更綜合與多元組成
的經濟指標

本指標分析重點:
羅素2000指數上漲(下跌)。

本指標意涵:
那代表投資人對經濟趨勢的預期心理,將可能促使風險偏好上升(下降)。

建議採取的投資行動:
如果你認為指數的第一波上漲(下跌)走勢確實是代表信心的變化,而非技術面的死貓反彈(較輕微的修正),那就買進(賣出)羅素指數的ETF。

應用於投資的風險水平: 高。

應用得當的可望報酬率: $$$$$

38

每週領先指標

> **觀察趨勢用途：領先指標（另請參閱"商業日報暨經濟循環研究協會工業市場價格指數"指標）**
>
> 本指標好比一位「單一口徑經濟學家」，它讓你得以清楚掌握經濟循環的方向，不會有太多假設性前提。

我們要提出一個嚴苛的要求：請研擬一項能相對精準解讀未來整體經濟情勢的衡量指標。它不僅要能預見未來一個月的狀況，而且要能預見八個月。而且，它必須具即時性，這樣，我們才有時間在崩盤以前採取迴避的動作。

就某種程度來說，這就是本部位於曼哈頓的經濟循環研究協會（ECRI）在1980年代研擬每週領先指標（WLI）的宗旨。基本上，經濟循環研究協會的成員每天都忙著釐清和商業循環有關的現象和成因。

ECRI的總經理拉克雪曼‧亞丘桑說：「（WLI）基本上是領先指標的原始構想的『續集』，原始的想法是在1960年代就被提出。」亞兵桑指的是經濟諮商局（Conference Board）所編製的領先經濟指標（LEI），這項指標備受推崇。

亞丘桑說，組成WLI的要素包括衡量貨幣供給的指標、商業日報暨經濟循環研究協會工業市場價格指數、衡量房地產活動的指標、就業及勞動市場指標、股價和某些債券市場價格等。

ECRI採用幾個重要的方法，試圖改良原始的領先經濟指標，一如汽車業工程師一直努力改良亨利‧福特（Henry Ford）的經典T模型車的精神：首先，WLI的數據是每週發佈，而非每個月，所以它較具及時性的優點。此外，組成WLI的所有數字，只有一個曾被修正過。

亞丘桑說：「預測者可以輕易拿修正值做藉口。」「所以，我們自己先讓自己無法拿那個藉口來卸責。」

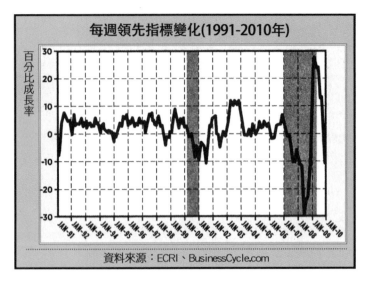

每週領先指標變化(1991-2010年)

百分比成長率

資料來源：ECRI、BusinessCycle.com

本指標延伸的投資策略

很多經濟學家的預測都隱含一個大問題，亞丘桑説，他們老是喜歡説：「從某一方面來説是這樣，從另一方面來説卻是那樣。」

這是一種模稜兩可的説法，所以你總是很難猜測出經濟學家的真正意思，其實，他們的很多説法根本是廢話。因此，WLI被設計為一個「單一口徑經濟學家」。他解釋：「它讓你得以清楚掌握經濟循環的方向，不會老是説，從某一方面來説是這樣，從另一方面來説又是那樣……之類的話」。

在看WLI這項指標時，訣竅是不要光看數據，而是要深入解讀。有些人因誤解WLI的意義，結果對經濟進入衰退或走出衰退的時間點做出錯誤的研判。亞丘桑説，這些錯誤

的解讀之所以常常發生，主要原因在於使用這項指標時，必須遵守非常特定的紀律，但並非每個人都有遵守這個原則。

ECRI宣稱，它在研判經濟進入或結束衰退的時間點上從未犯過錯。一如它的其他指標（本書稍早介紹過的商業日報暨經濟循環研究協會工業市場價格指數），ECRI使用所謂的3P法——顯著（pronounced，顯著的波動）、持續（persistent，像勁量電池那麼持久）與普遍（pervasive，根據很多組成要素，而不是只有少數幾項）來進行研判，只有指數本身出現3P特質時，才會引起他們的注意。

很多預測者就是沒有注意到最後一項要素才會犯錯。舉個例子，1987年股票市場大跌後，WLI也下降，但這個波動並不具「普遍性」，因為當時促使WLI波動的要素，只有股票一項。所以，儘管當時市場上的恐懼氣氛瀰漫，但ECRI卻還是冷靜以對，未宣佈經濟陷入衰退，而它的判斷確實沒錯。

其他預測者並沒那麼冷靜。從另一方面來說，如果WLI成長率反轉而且出現3P的所有特質，那預期未來七到八個月後，經濟可能陷入（結束）衰退。

亞丘桑説：「WLI非常不情緒化，（而且）不會受當下的言論影響。」

值得一提的是，WLI是衡量整體經濟情況，而JoC-ECRI工業市場價格指數則專門聚焦在工業部門，也許是因為這樣，所以，後者比較適合用來衡量製造業是否健康。

經濟循環研究協會
ECRI
www.businesscycle.com

速查！本指標追蹤要點：週領先指標

■本指標何時發佈：
每週，東岸時間早上10點30分。

■本指標何處取得：
ECRI的WLI數據會免費公佈網站，另外，如果你願意仔細搜尋媒體上有關ECRI研判經濟將步入榮景期或衰退期的報導，可能會獲得很大的回報。

投資應用摘要
SUMMARY

本指標分析重點:
WLI顯著、持續且普遍性上升（降低）。

本指標意涵:
經濟正在加溫（降溫）。

建議採取的投資行動:
如果《星際大戰》的尤達大師在此，他應該會說：「當WLI下降，你應該賣出風險性資產。讓原力（The Force）帶領你走向安全的債券和防禦型股票。當WLI上升——它最後一定會上升——你應該買進風險性資產。你們最近有見到天行者路克嗎？」

應用於投資的風險水平: 中。

**應用得當的可望報酬率: $$**$$$

39

殖利率曲線

觀察趨勢用途：領先指標

監測利率的差異，也就是觀察殖利率曲線，它將有助於我們辨識經濟的轉折點，例如經濟衰退的起點。

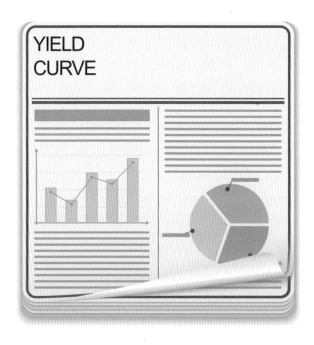

即使對經濟學家來説，監測美國政府證券市場的狀況，都像是在欣賞一幅枯燥乏味的圖畫。儘管如此，只要有足夠的耐心，就可能獲得優渥的利潤。

不過，首先你必須知道要觀察哪些東西，還有這些東西代表什麼意義。你要觀察的是長期政府債券（十年期公債，也就是十年期國庫券）和短期政府債券（三個月期國庫券）的收益率差異。

監測利率的差異就是一般所謂的觀察殖利率曲線，這有助於我們辨識經濟的轉折點，例如經濟衰退的起點（將兩種以上到期日的政府證券殖利率標繪成圖形，最後將描繪出一條曲線）。

當殖利率差異是負數——也就是説，十年期國庫券的殖利率低於三個月期的國庫券殖利率時，那經過四季以後，經濟換入衰退的機率將大幅上升。更有趣的是，當短期國庫券利率高於十年期國庫券利率愈多，經濟陷入衰退的機率就愈高。

本部設於加州紐波特灘的債券基金巨擘太平洋資產管理公司（Pimco）的策略分析師及投資組合經理安東尼・克瑞森基（Anthony Crescenzi）説：「這是較好的指標之一。」他指出，1995年時，美國國家經濟研究局發表一份由阿爾圖洛・艾斯特拉（Arturo Estrella）和弗里德里克・米希金（Frederic Mishkin）合力完成的經典研究，當中詳細説明十年期國庫券及三個月期國庫券的利率差異，和未來一年的經濟活動高度相關。

為什麼這項指標力量如此強大？克瑞森基解釋，簡單説，長期利率（十年期國庫券）是對未來短期利率水準的一種累計推測。換言之，十年期利率是一年期利率的十倍。

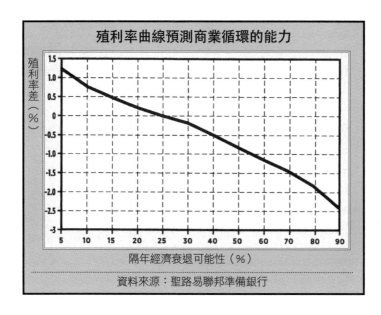

殖利率曲線預測商業循環的能力

資料來源：聖路易聯邦準備銀行

所以，十年期利率下降意味短期利率也會降低。為什麼？很可能是因為聯準會——美國的央行——將為了回應疲弱的經濟情勢而降低利率。

克瑞森基說：「你可以說殖利率曲線是世界各地數百萬、甚至上千萬個投資人的綜合判斷。」「分佈在整個曲線上的殖利率就代表投資人的預期心理。」

本指標延伸的投資策略

米希金和艾斯特拉的研究報告闡述了一個重要的關係，我們已在本書重述這個關係：當十年期國庫券利率和三個月期國庫券利率的負差距愈大，美國經濟陷入衰退的機率就愈高。

值得一提的是，當殖利率曲線持平，也就是利率差異大約

為0時，一年後經濟陷入衰退的機率是25%，也就是四分之一；當利差擴大到1.5個百分點，經濟陷入衰退的機率就會上升到大約70%。

最棒的是，由於這項指標是用來展望未來的情況，所以，投資人有很多時間可以針對這項資訊採取動作。克瑞森基說，具體而言，如果你推測經濟將陷入衰退，那策略之一就是伺機遠離所謂的風險性資產，轉向風險較低的資產。

以這個例子來說，投資人應該遠離垃圾債券（即所謂的高收益債）的投資，轉向較優質的債券或政府證券，因為這些證券傾向於在利率下降時上漲。

另外，也應該避免較容易受經濟情勢影響的企業的股票，像是房屋建築商和零售商，取而代之的，克瑞森基建議，此時應該買進防禦型的股票，如提供消費必需品，或能迎合較有預算觀念的消費者之需求的廠商。

速查！本指標追蹤要點

■本指標何時發佈：
持續不斷。

■本指標何處取得：
《華爾街日報》每天都會刊登典型的殖利率曲線圖。不同到期日的國庫證券殖利率數據，可以上《華爾街日報》市場數據中心尋找。一旦進入這個網站，必須點選「債券、利率與信用市場」（Bonds, Rates& Credit Markets）標籤。

另外，你也可以在FRED資料庫找到這項資訊。

網路上有很多來源可找到米希基的報告。其中一個是
IDEAS[註4]。

* * * * *

註4：儘管米希金和艾斯特拉因現代殖利率曲線理論而獲得非常多讚
揚，但杜克大學的坎貝爾·哈維早在他們之前，就曾提出相當多研
究成果。如果你想深入探究殖利率曲線的預測能力，而且不介意做
一點算數，可以查閱坎貝爾的1986年芝加哥大學論文「因利率期限
結構均衡模型而產生的消費成長復甦預期心理」，以及他1988年刊
登在《金融經濟期刊》（Journal of Financial Economics）上的文
章「實質期限結構與消費成長」。你也可以上坎貝爾·哈維的網頁
找他的其他研究成果。

投資應用摘要
SUMMARY

	本指標分析重點： 長期與短期國庫券利差擴大（縮小）
	本指標意涵： 經濟正在加溫（降溫），短期利率高於長期 利率愈多，經濟愈可能走向衰退。
	建議採取的投資行動： 適當的景氣循環性投資，例如當經濟看起來 可能降溫時，應買進優質債券和消費必需 品，規避高風險證券。
	應用於投資的風險水平：中。
	應用得當的可望報酬率：\$\$\$\$\$

IDEAS
ideas.repec.org\p\nbr\
nberwo\5279.html

坎貝爾·哈維
的研究成果
http://www.fuqua.duke.edu
/faculty_research/faculty_
directory/harvey/

通貨膨脹、
恐懼及不確定性
INFLATION, FEAR
and UNCERTAINTY

接下來還剩下11個指標要談。但這些堪稱最重要的指標，因為它們會讓我們知道《啟示錄》中的「天啟三騎士」（three horsemen of the apocalypse）是否可能逼近……。

好吧，應該說這些指標能讓我們察覺到「投資啟示錄的三騎士」：通貨膨脹、恐懼和不確定性是否逐漸逼近。

要想搶在一般投資大眾之前先預見經濟衰退的到來，通常絕對必須掌握這三項要素，因為從這幾項要素能就能預先看出GDP的消費、投資、政府、進口、出口和綜合指標（融合C、I、G與NX）將明顯下降。當通貨膨脹、恐懼或不確定性露出它們醜惡的臉孔時，能快速採取回應行動的投資人將省下非常多資金，而大膽的勇士甚至將獲得優渥的獲利報酬。

40

GDP平減指數

觀察趨勢用途：同時指標（另請參閱"生產者物價指數"和"大麥克指數"指標）

GDP平減指數是最廣泛的通貨膨脹衡量指標，而且堪稱最適合用來和其他國家通貨膨脹指標做比較的指標。

通貨膨脹很重要，因為它就像一種沈默的稅賦。在經濟狀況良好時，它會緩慢侵蝕民眾手中資金——即現金——的購買力。而在經濟狀況不佳時，它卻會快速導致紙鈔變得毫無價值。

這種沈默的稅將傷害到最沒有負擔能力的人：窮人和只有固定所得的人。無疑的，在世界大戰期間，這個問題導致德國發生內亂，因為人民光是為了買必要的食物，就得用上好幾輛手推車的現金。由於通貨膨脹的後果非常嚴重，所以，經濟學家、政治人物和一般大眾都非常留意這個問題，對它特別戒慎恐懼。

衡量通貨膨脹的指標有很多種，但沒有一個是完美的。不過，根據紐約梅隆銀行的總經理及外匯策略分析師麥可·伍沃克（Michael Woodfolk）的說法，GDP平減指數具備一些明顯的優點。

GDP平減指數讓我們知道在一特定衡量期間，商品及勞務的價格上漲多少。它是用來「縮減GDP」數字，讓我們知道經濟的「實質」成長率。基於那個原因，我們知道這項指標每季才跟著經濟成長的詳細報告發佈一次。

比起民眾較為熟知的消費者物價指數（CPI），GDP平減指數有一個優點。它讓我們知道經濟體系所有商品和勞務的價格，而CPI只追蹤相對較少的一籃子商品。那通常是固定不變的一籃子商品，所以，可能導致通貨膨脹的衡量結果遭到扭曲。

伍沃克也指出，美國的消費者物價指數——追蹤一籃子商品和勞務的價格變動——並無法和其他國家的消費者物價指數作比較。

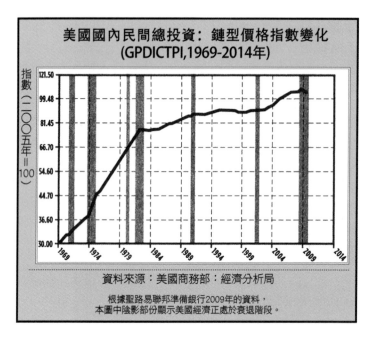

美國國內民間總投資：鏈型價格指數變化
(GPDICTPI,1969-2014年)

指數（二〇〇五年＝100）

資料來源：美國商務部：經濟分析局

根據聖路易聯邦準備銀行2009年的資料，
本圖中陰影部份顯示美國經濟正處於衰退階段。

他說：「GDP平減指數是最廣泛的通貨膨脹衡量指標，而
且堪稱最適合用來和其他國家通貨膨脹指標做比較的指
標。」他提到，不同國家在計算CPI時，傾向於使用完全
不同的標準。

本指標延伸的投資策略

伍沃克利用GDP平減指數來協助他分析外匯市場。通常一
般認為外匯市場分析是非常困難的工作，因為多數人覺得
外匯市場非常難以理解。除此之外，眾人皆知各國政府會
干預外匯市場，所以，再好的經濟分析都不見得能準確推
估外匯市場走向。

然而，伍沃克至少能充分控制其中一部份變數——經濟分
析，他的作法是：根據各國相對通貨膨脹水準的差異來調

整他原本的預測。通貨膨脹率的差異讓我們知道一種貨幣的消費能力降低速度相對比另一種貨幣快多少。若其他條件相同，那代表通貨膨脹較高國家的貨幣，將相對通貨膨脹較低國家的貨幣貶值。

他用日圓和美元的例子來說明。如果美國的通貨膨脹率是3%，而日本是零（近幾年的情況大致上如此），那伍沃克就會根據這個差異來調整他對幣值的推估。所以，以這個例子來說，如果原本他推估兩者的匯率是100日圓兌1美元，現在就會降為97日圓兌1美元。

不過，GDP平減指數和其他很多指標一樣，都有缺點。最重要的缺點是，它一季只發佈一次。但消費者物價指數和生產者物價指數每個月都會發佈。

另外，如果利用這項數據來進行外匯交易，也要注意到外匯市場主要是受一些超大型參與者支配，包括各國央行（如英國銀行）和大型商業銀行如花旗集團。那代表小投資人在投資外匯市場時，通常注定會虧本。所以，涉入外匯市場以前，應該要謹慎一些！

速查！本指標追蹤要點

■本指標何時發佈：
這項數據是在GDP之後發佈，在那個月的第三或第四個星期，東岸時間早上8點30分發佈。每一季數據都會發佈三個估計值。

■本指標何處取得：
要取得GDP平減指數的數據，可以上《華爾街日報》市場數據中心。一旦進入這個網站，必須點選「行事曆與經濟」（Calendars & Economy）那一欄，並在「美國經濟

THE
50
Economic Indicators
that Really Matter

經濟分析局
www.bea.gov

投資簡報網
www.briefing.com

事件」（U.S. Economic Events）項目下尋找「GDP」。
GDP平減指數就是GDP物價指數。

另外，FRED資料庫也會發佈GDP平減指數，經濟分析
局也會發佈。另外，上「投資簡報網」的「投資人」
（Investor）那一欄，也可以輕易找到免費的數據。

投資應用摘要
SUMMARY

本指標分析重點：
兩個國家的相對通貨膨脹率變化。

本指標意涵：
通貨膨脹較高國家的貨幣最終將相對另一國
貨幣貶值。

建議採取的投資行動：
買進通貨膨脹相對較低國家的貨幣，接著，
不要理會外匯市場上司空見慣的短期波動和
政府干預。

應用於投資的風險水平：極端高。

應用得當的可望報酬率：$$$$$

41

金價

觀察趨勢用途：領先指標

全世界大約三分之二的黃金產出被用來製造珠寶，但與金價大漲最相關的要素，卻是黃金投資人吸納了多少黃金。

THE
50
Economic Indicators
that Really Matter

你可能聽過一條金科玉律：「手上握有黃金的人是老大。」這句話已經過時，不如說，比較有錢的人是老大。

不過，黃金可作為信心衡量指標的事實，卻不因時間的消逝而變得不重要。大致上來說，黃金是一種非常容易受詭譎的經濟、金融及地緣政治議題牽動的氣壓計。

當經濟表現強盛，金融體系情勢良好且世界上沒有發生大動亂，投資人通常就不會買黃金，此時，這項金屬的價格傾向於受到壓抑。

例如，1980年代至1990年代之間，多數投資人遠離黃金，偏好其他投資標的。結果，黃金維持了整整20年的空頭市場（1980年至1999年），在這段期間，金價從每盎司850美元的高點跌到大約250美元的低點。當時，經濟狀況則是相當好：高成長、低通膨，就算有爆發戰爭，也都延續不久。

2001年以後的十年則和上述期間相反。在這段期間，金價上漲幾乎五倍，從每盎司260美元左右漲到2010年年底的超過1300美元。在同一段時間，科技泡沫幻滅，美國房地產陷入狂熱，大漲後又大跌，世界銀行體系幾乎癱瘓，而美國也被捲入兩場漫長的重大戰役：伊拉克和阿富汗戰爭。除此之外，美國政府舉債金額開始超過它的負擔能力，這也讓通貨膨脹的威脅上升。

此時黃金變成了一項值得投資的標的。從極長期的期間而言，黃金屢次展現出它的保值能力，而同樣經過幾十年，紙鈔則幾乎都大幅貶值，而且，有時候甚至會在極短時間內快速貶值。黃金投資老手喬治·傑羅（George Gero）指出，1930年代時，一公斤的黃金足以買下一輛不錯的

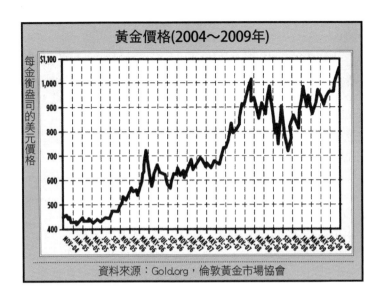

資料來源：Gold.org，倫敦黃金市場協會

四門轎車，目前同樣重量的黃金依舊足以買一輛轎車。但
是到現在，等額的美元或其他任何貨幣卻可能連一扇車門
都買不起。

本指標延伸的投資策略

將黃金用來作為信心指標時，關鍵是觀察市場上對這項金
屬的投資需求。全世界大約三分之二的黃金產出被用來製
造珠寶。不過，和金價大漲最相關的要素，卻是黃金投資
人吸納了多少黃金。

本部位於紐約的商品顧問公司CPM集團（CPM Group）
的老闆傑夫·克里斯帝恩（Jeff Christian）提到，如果
一年的投資需求超過了2000萬盎司，那金價傾向於表現
良好。

克里斯帝恩說：「我們目前還是使用那個判斷規則。」他

說，目前最大的不同是，投資人買進的量更大，而且似乎還會繼續加碼。

那麼，你要如何利用這項資訊來賺錢？你可以試著追隨聰明資金的腳步，在其他投資人大量買進黃金時投資這項金屬。然而，這種投資行為最好還是留給像克里斯帝恩這種專家來做，因為黃金市場非常不透明。

不過，你可以利用黃金來作為一種投資組合保險，或將它視為因應經濟大災難的一種保障。克里斯帝恩說：「我向來秉持的觀點是，某部份的投資組合必須能保護你免於受災難的傷害。」他從1970年代中期就持續積極觀察黃金市場。「不過，在設計投資組合時，必須將多數部位投入能受惠於發生機率較高的經濟情境的產品。」

換言之，只要把投資組合的某個百分比的資金投入黃金就好。根據過往記錄，黃金價格和其他資產的價格並不具相關性，而這種缺乏相關性的現象，顯示它能降低投資組合整體價值的波動。如果最糟糕的情況發生，黃金的價值有可能會上升；如果最糟的情況沒有發生，那其他投資標的將會有良好的表現。多數專家認為將整體投資組合的5到15%投入黃金是適當的。

購買黃金的方法並不多，其中最簡單的就是買進SPDR黃金股份指數股票型基金（代號GLD），它的買法和股票一樣。你也可以購買實體黃金，像是購買金幣，記得只能買金幣，因為這些硬幣的價值取決於它的黃金含量，不是受做工或稀有性影響。比較普及的金幣包括美國鷹金幣（American Eagles）、南非克魯格金幣（South African Krugerrands）和加拿大楓葉金幣（Canada Maple Leafs）。

速查！本指標追蹤要點

■本指標何時發佈：
黃金在多數營業日都有交易

■本指標何處取得：
要取得金價的數據，可以上《華爾街日報》市場數據中心。一旦進入這個網站，必須點選「商品及期貨」（Commodities& Futures）那一欄，並在金屬項目下尋找黃金。

此外，世界黃金委員會（World Gold Council）透過網站提供非常大量和黃金有關的資訊。世界最大黃金指數股票型基金——SPDR黃金股份基金——就是由它發起，它還會每天揭露該基金持有的黃金數量。

世界黃金委員會和一家總部位於倫敦的顧問公司GFMS有限公司（GFMS Ltd.）密切合作，共同發表研究成果。CPM也出版了很多和黃金有關的書，裡面有很多不容易取得的歷史資料和市場評論。

倫敦黃金市場交易協會（London Bullion Market Association）主導黃金的交易，同時發行一般所謂的「現貨定價（fix）」參考價。這個價格並不是任意非法操縱的價格，現貨定價很像美國各期貨交易所的結算價格。

另外，你也可以上「Kitco金拓」，也就是蒙特婁黃金經紀商的網站。

市場數據中心
Maket Data Center
www.wsjmarkets.com

世界黃金委員會
World Gold Council
www.gold.org

倫敦黃金市場
交易協會
London Bullion Market
Association
lbma.org.uk/pages/index.
cfm

Kitco金拓
www.kitcometals.com

投資應用摘要
SUMMARY

本指標分析重點:
顯示黃金的供給和／或需求正在轉變的價格和數量變化。

本指標意涵:
當黃金的需求增加,代表投資人擔心通貨膨脹、經濟內爆或地緣政治不穩定。

建議採取的投資行動:
在通貨膨脹或大災難(無論是人為或天然災害)的第一個訊號出現時買進黃金,或在或長期物價水準和金融體系穩定的第一個訊號出現時放空黃金。

應用於投資的風險水平: 高。

應用得當的可望報酬率: $$$$$

42

痛苦指數

觀察趨勢用途：同時至領先指標

痛苦指數記錄了存在於經濟體系裡的痛苦。其中又以經濟地位最低者的痛苦最劇烈。

當掌管經濟的神祇微笑，我們的薪水會增加，而我們買的東西會變便宜。先別急著嘲笑，這種情況確實發生過。不過，有時候情況卻相反。我們的薪水消失（因為失業），而我們需要買的每樣東西都大漲價（通貨膨脹），而這就是經濟悲劇。

我們無法確定經濟學家亞瑟‧奧肯（Arthur Okun）當初開發「痛苦指數」的想法是什麼，因為他已經不在這個世上，我們無從問起，不過，我們認為他很可能是為了衡量經濟及社會上的痛苦。痛苦指數和多數卓越的概念一樣，都很簡單易懂。它只是把失業率加上通貨膨脹率，如此而已。這個數字愈高，社會就得應付愈多痛苦。

維吉尼亞大學達頓商學院的經濟學教授彼得‧羅德里蓋茲（Peter Rodriguez）說：「痛苦指數記錄存在於經濟體系裡的痛苦。」「經濟地位最低者的痛苦最劇烈。」

痛苦指數是在1970年代被提出，這非常可以理解，羅德里蓋茲解釋，因為從1860年代（金本位實施）起，政府一直嚴密掌控通貨膨脹，但到1970年代，它開始放鬆。在那可怕的十年，失業率也達到1930年代大蕭條以來未曾出現過的新高點。根據1970年代盛行的經濟理論，高通膨和高失業是不可能同時存在的，因為前者會自動創造就業機會，而後者則會自然而然地促使價格下降，然而，這些理論是錯的。

羅德里蓋茲說：「當時那種高失業與通貨膨脹不斷上升的現象，是我們過去完全沒有見過的，於是，經濟學從『憂鬱的科學』變成了『痛苦的科學』。」經濟學家羅伯‧巴洛（Robert Barro）發明了另一個相似的指數——巴洛痛苦指數——他也是將通貨膨脹和失業率加起來，不過，還

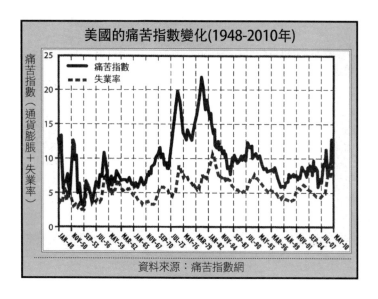

美國的痛苦指數變化(1948-2010年)

痛苦指數（通貨膨脹＋失業率）

25

20

15

10

5

0

痛苦指數
失業率

JAN-48 NOV-50 SEP-53 JUL-56 MAY-59 MAR-62 JAN-65 NOV-67 SEP-70 JUL-73 MAY-76 MAR-79 JAN-82 NOV-84 SEP-87 JUL-90 MAY-93 MAR-96 JAN-99 NOV-01 SEP-04 JUL-07 MAY-10

資料來源：痛苦指數網

加了其他變數。

本指標延伸的投資策略

羅德里蓋茲說：「大致上來說，這是一個很典型的藍領階級指數。」不過，他也補充，並不是說經濟狀況比較好的人就不會感受到任何痛苦。

正由於經濟痛苦是一種感受，所以，我們可以將痛苦指數用來作為解讀選舉可能結果的一個粗淺標準。簡單說，當痛苦指數偏高且持續上升，一般大眾應該很快就會開始暴跳如雷。

有時候，人民會在投票所發出怒吼，對現任執政者傾洩他們的憤怒，就像當年選民攆走民主黨籍的吉米‧卡特總統（Jimmy Carter）那樣。當年卡特上任時，痛苦指數已達到驚人的12.7，但這個數字卻幾乎是他那一任總統任期

內的最低數字。這項指數在1980年6月竄升到歷史（含其他所有總統的任期）高點22左右。不用說也知道，卡特最後輸給雷根（Ronald Reagan），共和黨獲得壓倒性勝利。

任期內痛苦指數下降或相對持平的美國總統後來都順利連任，小布希和柯林頓總統是其中兩個例子。

羅德里蓋茲說：「總統必須設法改善整體經濟情勢，否則就很難會得到第二次機會。」

我們也可以透過痛苦指數知道聯準會的表現好不好。羅德里蓋茲說指出，FED和其他國家的中央銀行不同，它的兩項受託使命是低通膨和低失業率。所以痛苦指數愈高，代表FED愈沒有盡到它的職責。

投資人可以利用痛苦指數做什麼？這是一個很微妙且見仁見智的問題。他們也許可以用痛苦指數來預測華盛頓當局會不會陷入「僵局」，這也許對股票是有利的。另外，投資人也可以用這項指數來解讀利率的可能走向。FED向來不受一般政治運作左右，不過，並非完全不受影響，因為就這部份而言，它的獨立自主地位並未受到憲法的保障。

速查！本指標追蹤要點：痛苦指數

■本指標何時發佈：
通貨膨脹或失業率改變時。

■本指標何處取得：
你可以在《華爾街日報》市場數據中心，取得痛苦指數的兩項組成要素——失業率和CPI通貨膨脹率。

另外，勞工統計局的網站上也有相同的數據。

還有，你可以在「痛苦指數網」尋找每一任白宮主人任期內的詳細數據，這個網站已下載了相關數字。

勞工統計局
www.bls.gov

痛苦指數網
www.MiseryIndex.us

投資應用摘要
SUMMARY

本指標分析重點：
痛苦指數上升（下降）。

本指標意涵：
現任政治人物陷入嚴重的困境（連任），而FED將加強（降低）它的政策力道。

建議採取的投資行動：
注意華盛頓和FED的政策變動（或維持現狀）

應用於投資的風險水平：
取決你要利用痛苦指數做什麼。如果你是拿100萬美元來賭下一次總統選舉的結果，那我們認為風險很高。如果你拿這項指數和本書介紹的其他49個指標來小賭一下，那我們會說，風險非常低。

應用得當的可望報酬率：$$$$到$$$$$。

43

生產者物價指數

觀察趨勢用途：經濟陷入衰退時為領先指標，經濟開始擴張時為同時指標。（另請參閱"GDP平減指數"、"金價"、"美國國庫抗通膨債券利差"等指標）

本指標衡量的是國內生產者產出的售價，也就是零售商為取得他們的零售商品所付出的價格。

通貨膨脹不是在超級市場誕生。這些商店在向他們的供應商採購物品時，價格已經上漲，所以，他們將漲價部份轉嫁給他們的顧客。因此，觀察生產者的銷售價格，能幫助我們了解消費者物價的可能走向。基於那個原因，我們選擇了生產者物價指數（PPI）。

PPI也是衡量通貨膨脹的指標，只不過，它遠遠不如它的表弟——消費者物價指數（CPI）——那麼有名氣。CPI是衡量個別消費者購買一籃子商品和勞務的成本，而PPI則是衡量國內生產者產出的售價，或者從另一面來看，它是指零售商為取得他們的零售商品而付出的價格。維吉尼亞大學達頓商學院的經濟學教授彼得·羅德里蓋茲說：「PPI讓我們知道企業的成本。」「當經濟開始調整，生產者物價是最早開始出現變化的指標之一。」

在經濟衰退時期，生產者面臨存亡壓力，所以，他們會設法降低成本，同時調降價格或薪資。此外，為了讓顧客滿意，他們也經常會試著為最終消費者吸收一部份漲價衝擊。不過，當經濟好轉，他們就會立刻將價格轉嫁給消費者。

本指標延伸的投資策略

PPI包含許多不同的組成要素，如兩個波動非常劇烈的要素：食物和能源。這個固有的不穩定，讓經濟學家和投資人覺得整體PPI數字非常難掌握。所以，為了讓事情單純一些，他們乾脆將食品和能源價格排除，另外追蹤一個所謂的核心物價指數。他們的想法是，如果指數的波動性降低，就比較容易掌握實際的價格趨勢。

以PPI來說，趨勢才是真正的關鍵。羅德里蓋茲說：「注

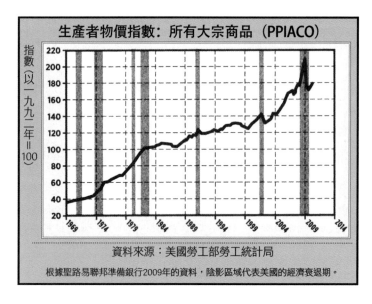

生產者物價指數：所有大宗商品（PPIACO）

指數（以一九八二年 = 100）

資料來源：美國勞工部勞工統計局

根據聖路易聯邦準備銀行2009年的資料，陰影區域代表美國的經濟衰退期。

意連續幾個月的趨勢。」具體而言，他的意思是：「最高頻率的移動平均值」值得留意，如過去三個月或五個月的平均值。當你把這些平均值標繪出來後，就可以觀察這些平均值是否有趨勢可言。

具體來說，你可以試試：長期追蹤前三個月PPI年率平均值，並將這些數值標繪在一張圖上。這些所謂的滾動平均值能消除單月數據的波動性。如果，標出數值後能看見清楚的趨勢，那你就可以開始試著歸納你的結論。

舉個例子，如果6月、7月和8月的前三月平均通貨膨脹率從1%上升到2%及3%，就表示通貨膨脹明顯處於上升趨勢。然而，如果某個月的三個月移動平均值為4%，接著下降2%，下一個月又上升1%，那就很難說通貨膨脹是否開始惡化。

生產者通貨膨脹一旦形成上升趨勢，代表零售端的通貨膨

脹也會開始形成。如果此時經濟疲弱，那這可能代表零售商和生產者的邊際獲利率將可能遭到壓縮。

價格下跌更難分析。羅德里蓋茲說，價格下跌可能是導因於疲弱的經濟，也可能是因為製造商的效率改善。

羅德里蓋茲說，美國國庫抗通膨債券對抗通貨膨脹的成效比一般債券好。一般債券只以證券本身的名目面值做為支付利息和本金的基準，而不是以原始債券的購買力作為基準。

他說，如果連美國國庫抗通膨債券都不具吸引力了，那你可能應該選擇持有以較低通貨膨脹的貨幣計價的資產。他也指出，此時黃金是不錯的避險工具，不過，它的波動性很大。

速查！本指標追蹤要點

■本指標何時發佈：
月中前後東岸時間早上8點30分時發佈。

■本指標何處取得：
《華爾街日報》的編輯和作家都會密切觀察PPI。當有關PPI的新聞一發佈，該報記者就會以新聞快報的方式，在《華爾街日報》線上版上提出報告。

如果這就是你要找的數據，你可以上《華爾街日報》市場數據中心查。一旦進入這個網站，必須點選「行事曆與經濟」（Calendars & Economy）標籤中的「美國經濟事件」（U.S. Economic Events），就可以找到「生產者物價指數」（Producer Price Index）。

華爾街日報
WSJ.com

市場數據中心
Market Data Center
www.WSJMarkets.com

另外，你也可以直接訴諸編製PPI的勞工統計局。FRED的資料庫裡也有PPI的歷史數據。

「投資簡報網」也有提供現成的免費資訊，請上它的網站，點選「投資人」（Investor）那一欄。

**勞工統計局上的
PPI資料**
www.bls.gov\ppi

**FRED資料庫中的
PPI歷史數據**
research.stlouisfed.org/
fred2/series/PPIACO

投資簡報網
www.briefing.com

**投資應用摘要
SUMMARY**

	本指標分析重點： 核心PPI三個月或五個月移動平均值意外上升（下降）。
	本指標意涵： 通貨膨脹可能失控（控制得當）
	建議採取的投資行動： 介入（退出）抗通膨投資標的，如美國國庫抗通膨債券、黃金或通貨膨脹較低的貨幣。
	應用於投資的風險水平：中。
	應用得當的可望報酬率：$$$$$

44

散戶投資活動

觀察趨勢用途：步入衰退時為領先指標，經濟復甦時期為落後指標。

也許每次都是等到時機已晚，才意識到某些事實—這是長久以來不斷折磨著小投資人的問題之一。

有些人注定不幸運——事實上，他們不幸到每次都在錯誤的時機做出不應該做的事。他們是天生蠢蛋嗎？也許吧。不過在投資圈，那些人是有名字的，他們叫——散戶投資人。

經濟學家和投資人可透過觀察這一群老是做錯資金投資決策的人，得到很多教誨。具體來說，我們所指的是那些「小散戶」。當這些小散戶開始大手筆投資某一項資產類別，不管它是股票或房子，通常就代表我們利用這些資產賺輕鬆錢的時機已過。

位於麻薩諸塞州波士頓的金融研究公司（Financial Research Corporation，FRC）的研究分析師彼得·威爾格斯（Peter Welgoss）說：「我傾向於認為散戶投資人每次都是等到時機已晚，才意識到某些事實。」「這是長久以來不斷折磨著小投資人的問題之一。」

FRC收集並整理共同基金的投資數據，共同基金是最小型的投資人最愛的投資標的。我們可以利用那一項數據，掌握散戶投資人目前的動向，進而在某些情況下採取和他們相反的動作。

為什麼要這麼做？因為這些小散戶通常會做出和敏銳機構投資人相反的舉動。小投資人總傾向於在接近市場高點時買進，或甚至正好在市場高點買進，但此時「聰明」的錢卻已經開始退場。相同的，散戶投資人傾向於在市場價格位於低點或接近低點時賣出，但此時卻可能應該買進。威爾格斯說：「那可能只是一種人類本性恐慌按鈕效應。」

本指標延伸的投資策略

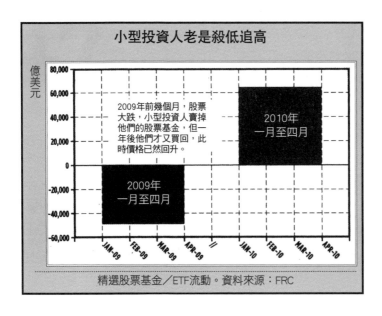

小型投資人老是殺低追高

2009年前幾個月，股票大跌，小型投資人賣掉他們的股票基金，但一年後他們才又買回，此時價格已然回升。

2010年
一月至四月

2009年
一月至四月

精選股票基金／ETF流動。資料來源：FRC

FRC使用精密的技術追蹤投資人每個月投入共同基金的資金量，以便估計流進或流出特定基金的資金有多少。

FRC的共同基金數據很重要，因為它讓我們得以了解散戶這個個別族群的行為。專業投資人通常不會投資共同基金。取而代之的，他們在從事股票市場投資時，可能會利用指數股票型基金，如果是投資固定收益市場，則會直接買進個別的債券。真正有錢的個人也傾向於不買共同基金，取而代之的，他們會直接聘請資金經理人為他們量身打造能滿足其需求的投資組合。

當然，上述原則還是有例外。不過，一般來說並不會太過偏離事實，所以，利用流進與流出共同基金的資金量來表徵散戶投資人的信心水準，仍舊是相當貼近現實的。

因為共同基金通常是依照它們投資的資產類別——股票、

債券、現金、貴金屬、國內或國際——來分類，所以，我們可以清楚掌握流入哪些類別基金的資金最多，從哪些類別基金流出的資金最多。這代表你可以清楚了解散戶投資人目前在「瘋」哪些類別的資產，逃出哪些資產。

如果將以上概念和特定資產的投資績效資訊結合在一起，我們就能了解一個資產類別是真的已開始形成泡沫，或是承受了不合理的拋售壓力。

舉個例子，如果過去一段時間債券基金的報酬一直都很合理，但你卻發現散戶投資人大量投入債券基金，投入資金還創下歷史新高，那可能值得評估一下此時應該追隨群眾，或是應該反向操作。

不過，有時候，廣告活動會造成大量資金流入特定基金，這就和消費者對特定資產的信心無關。所以，無論如何還是要秉持謹慎研究的精神。

速查！本指標追蹤要點：散戶投資活動

■本指標何時發佈：
想盡辦法去找。

■本指標何處取得：
FRC並不會為每個人提供基金流向的數據，他們只提供給大企業。不過，他們每個月針對基金流動數據發佈的新聞稿，通常會被刊登在商業媒體，所以，願意投入時間和精力挖掘的人，應該可以找到基金流動的詳細資訊。

此外，晨星公司（Morningstar）有提供多數共同基金的數據，而且，只要觀察不同衡量期間的資產管理規模差異金額，就大略可估計出資金流動情況。（必須做一點微調，將基金本身的績效扣除）

晨星公司
Morningstar
www.morningstar.com/
IntroPage.aspx

本指標分析重點：

衡量流入（流出）不同類型共同基金的投資資金流動，便可了解散戶投資人信心的變化。具體而言，留意流入（流出）不同資產類別的資金是否創下歷史新高。

本指標意涵：

流出（流入）特定資產類別基金的資金創歷史新高，可能代表空頭（多頭）市場即將結束。

建議採取的投資行動：

在小散戶賣出時買進，在他們買進時賣出，尤其如果小散戶的舉動正好和專業投資人相反時。

應用於投資的風險水平：中。

應用得當的可望報酬率：$$$$$

45

信用利差：
利率的風險結構

觀察趨勢用途：領先指標（另請參閱"泰德利差"指標）

利差顯著縮小後，經濟很快就會接著強勁成長；而當信用利差擴大，
則經濟成長將趨緩。

冒險是美式資本主義的核心。那並不代表你應該學那些腦筋有問題，無謂尋求刺激的匹夫或暴怒的武士，毫無理性地去承擔無謂的高風險。相對的，一個真正的好事業只有在為獲取利潤時，才會承擔風險，這樣才符合是優良事業的本質。沒有任何一個地方能像債券市場那樣，吸引大量的公開掛牌企業藉由出售債券的方式來借錢。

簡單說，風險較高的企業的借錢代價比風險較低者高。這很合理，畢竟，如果你能把一筆錢借給風險較低的人，那你絕對不會把錢借給風險更高的人。如果對方風險較高，你一定會要求他給你更多報酬，你才肯借他錢。

借款成本的差異稱為「信用利差」。衡量信用利差的方式有很多種，不過，我們現在主要是要討論公開交易債券中絕對品質最高者（AAA信用評等）和評級僅略高於垃圾債券者（BBB等級）的應付利率的差異。（顯然專業信評機構是根據借款人的信用度來評估其負債的等級。）

這項信用利差的幅度也會隨時間不斷變化，在經濟即將復甦前縮小，接著，又在經濟將步向衰退前擴大。就經濟層面而言，發生上述利差變化關係的理由非常容易理解，而且，這些理由也是讓這項指標具備預測能力的重要原因。

一家本部位於麻薩諸塞州比佛利農場區的經濟顧問公司韋恩萊特經濟顧問公司的研究部主管大衛·蘭森（David Ranson）說：「就經濟的角度來說，讓這個世界得以運轉的是被投入營運的資本。」當信用利差擴大，代表投資人在評估利率定價時，已將較高風險納入考量。風險意識的升高將導致經濟體系的資金流動速度減緩。而若沒有足夠的資本，經濟成長將受到阻礙。

蘭森說：「2008年10月就發生了這樣的情況，」當時利差擴大，資本停止流動，「於是，經濟陷入衰退。」

幸好，相反的情況也會發生。當信用利差縮小，代表資本在經濟體系中的流動變得更自由，於是，經濟成長遂得以加速。

本指標延伸的投資策略

根據蘭森對信用利差的研究，他發現從1949年到現在，信用利差傾向於隨著經濟波動。平均來說，每次信用利差劇烈擴大或縮小，經濟就會產生巨大的反應，大致上說來，利差顯著縮小後，經濟很快就會接著強勁成長。而當信用利差擴大，則經濟成長將趨緩。

具體而言，他發現當信用利差縮小超過3.5個百分點（例如，優質借款人和劣質借款人的借款成本差異從每年6.5%縮小為3%），那麼，同一季的經濟成長平均傾向於大幅增加5%以上。 ……

不過，更重要的是，三到六個月後，經濟成長將爆發，成長年率會超過6%。如果你有任何懷疑，請容我們進一步解釋：在富裕的美國，那樣的成長率已被視為超級火熱的成長率。蘭森曾根據信用利差的劇烈縮小，精準預測到美國2009年第四季的那一波經濟回升，但當時多數經濟觀察家都不認同他的預測。他的研究也發現，信用利差擴大3.5個百分點，傾向於導致同一季的經濟產出減少1.4%，三個月後亦然。

那麼，你要如何利用這個知識來為自己謀福利？答案很簡單：買進可能會在即將發生的經濟情勢中獲益的特定資產類別。

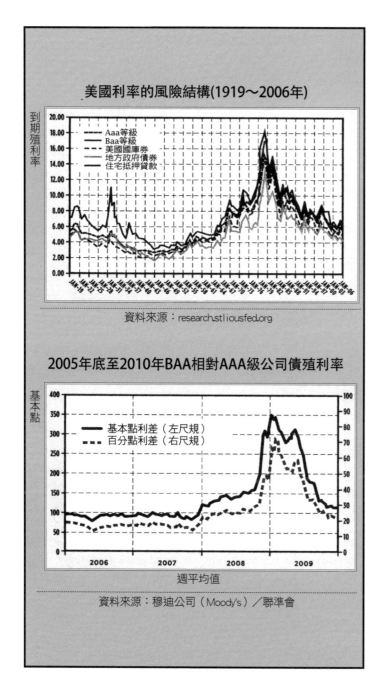

美國利率的風險結構(1919～2006年)

到期殖利率

- Aaa等級
- Baa等級
- 美國國庫券
- 地方政府債券
- 住宅抵押貸款

資料來源：research.stliousfed.org

2005年底至2010年BAA相對AAA級公司債殖利率

基本點

基本點利差（左尺規）
百分點利差（右尺規）

週平均值

資料來源：穆迪公司（Moody's）／聯準會

當信用利差激烈擴大，那麼，做「經濟將在相對短暫的時間內趨緩」的假設就是安全的。蘭森說：「在經濟開始陷入衰退時，應尋找所有能提供安全保障的低風險資產。」

具體來說，他說此時應著重在主權或政府債券，如美國國庫券——以及被視為避險天堂的黃金，同時迴避商品和任何型態的股票（蘭森並未將黃金視為商品的一種。取而代之的，他和某些人一樣，認為黃金是一種特殊的資產類別。）。

你可以直接透過「直達國庫」網站，向美國政府購買美國國庫券。小型投資人可以考慮購買SPDR的黃金股份指數股票型基金，以便參與黃金條塊價格的波動，這一檔基金本身就持有金塊。當信用利差縮小，意味經濟將走出衰退，此時則是用相反的投資建議，蘭森說，此刻投資人應該「擁抱風險。」

另外，新興市場股票可能也是不錯的選擇，因為這些股票的表現通常很像結合商品部位和股票風險的綜合體。很多新興市場企業從事商品相關業務，如採礦和農業。

速查！本指標追蹤要點

■本指標何時發佈：
每一個營業日。

■本指標何處取得：
《華爾街日報》市場數據中心上有一些公司債殖利率資訊。一旦進入這個網站，必須點選「債券、利率與信用市場」（Bonds, Rates& Credit Markets）標籤，接著尋找公司債裡的「最活躍」項目。

直達國庫
TreasuryDirect.gov

市場數據中心
Market Data Center
www.WSJMarkets.com

網路上也有很多其他來源提供公司債利率的數據。我們最喜歡用的網站是FRED資料庫，因為就搜尋和下載歷史數據的難易度而言，它都是最好用的，其中的數據涵蓋幾十年。另外，民間顧問公司如韋恩萊特經濟顧問公司也有彙整那一類資料。

FRED資料庫
research.stlouisfed.org\fred2

投資應用摘要
SUMMARY

本指標分析重點:
信用利差縮小（擴大）。

本指標意涵:
這一季和下一季經濟將開始成長（萎縮）。

建議採取的投資行動:
買進股票和商品（買進短期債券和黃金，或
繼續抱現金）。

應用於投資的風險水平: 中。

**應用得當的可望報酬率: $$**$$$

46

泰德利差

觀察趨勢用途：領先指標（另請參閱"Libor"及"可取得信用擺盪指標"指標）

本指標被用來評估商業銀行彼此借款的信心水準，當利差縮小代表有信心，利差擴大代表較沒有信心。

在2008年的信用大危機後，民眾普遍都非常痛恨銀行。不過，可能有一個方法可以讓你表達自身憤怒之餘順便賺錢。那就是釐清銀行對於放款的態度，你便可以藉此大賺一筆。

姑且不論一切吵鬧和怨恨，銀行的放款行為確實是帶動經濟成長的關鍵。事實上，我們很容易就能藉由觀察銀行對於無法回收放款的風險的評價，看出銀行業的整體放款意願。

具體來說，問題就是：銀行彼此拆借的利率比政府的借款成本高多少？美國政府向來被視為零風險，因為它不會不還貸款（畢竟它可以隨心所欲地課稅、印鈔票）。所以，高於政府貸款利率的所有利率差異，都會被視為衡量信用風險的指標。

只要計算泰德利差，就可以輕易算出銀行的借款成本比政府高多少。泰德利差是國庫券殖利率和銀行間隔夜拆款利率Libor的差異。

總部位於多倫多的財富管理公司葛拉斯金雪夫公司（Gluskin Sheff）的首席經濟學家暨策略分析師大衛‧羅森堡（David Rosenberg）說：「它代表金融市場的氧氣濃度。」「它被用來評估商業銀行彼此借款的信心水準。」

利差縮小代表有信心，利差擴大代表較沒有信心。而如果利差真的很大，則會出大亂子。

利差很重要，因為銀行放款規模和它們的放款利率高低，會對經濟造成重大的影響。一般來說，放款增加將引領經濟成長，放款減少則將導致經濟放緩或甚至陷入衰退。

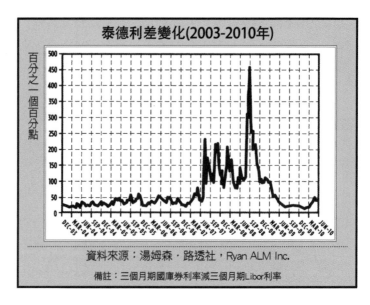

泰德利差變化(2003-2010年)

百分之一個百分點

資料來源：湯姆森‧路透社，Ryan ALM Inc.

備註：三個月期國庫券利率減三個月期Libor利率

羅森堡說：「金融領域所發生的一切現象，最終一定會反映在實體經濟面。」

本指標延伸的投資策略

羅森堡解釋，當泰德利差擴大，經濟體系的整體放款金額將縮減，最後將導致「經濟顯著放緩。」相同的，當泰德利差縮小，意味放款活動逐漸恢復。換言之，這代表銀行承作較高風險放款的意願漸漸上升。

泰德利差在1987年、1990年、1998年、2000年、2008年和2010年都見擴大。不過，1987年和1998年那兩次之後，經濟都沒有衰退，但1990年、2000年和2008年時，經濟確實陷入衰退。

所以，泰德利差的上升顯然意味接下來的經濟成長可能會開始放緩，不過，和解讀其他指標一樣，在採取行動以

前，必須觀察泰德利差是否出現持久性的趨勢，還有必須尋找是否有其他確證可作為依據。

一般來說，銀行放款意願低落對經濟而言絕非吉兆，而且，這個現象確實會改變風險報酬比率，讓人傾向於偏好較謹慎的投資決定。

羅森堡說：「當你注意到這項指標開始擴大，通常意味你應該退場觀望，並緩步降低風險部位。」

所以，這時應該投資相對低風險的資產，如政府債券或高信用評等的公司債。如果你想繼續持有股票，應該尋找以消費者必需品為業的公司，例如肥皂、牙膏和洗髮精等產品的製造商和零售商。

不過，他也警告「不要一下子調整太多。」他的意思是，應該一次一小部份，慢慢調整投資組合。這個警告非常中肯，因為泰德利差常常會突然地快速縮小——顯示銀行又開始有信心放款給其他同業。

速查！本指標追蹤要點：泰德利差

■本指標何時發佈：
持續不斷

■本指標何處取得：
你可以自己將Libor利率減掉國庫券利率，計算出泰德利差。精確一點來說，你必須找出三個月期的國庫券利率和三個月期的Libor利率。

市場數據中心
Market Data Center
www.WSJMarkets.com

上《華爾街日報》**市場數據中心**就能找到這兩種利率，一旦進入這個網站，必須點選「債券、利率與信用市場」

（Bonds, Rates& Credit Markets）標籤。

另外，你也可以在FRED資料庫裡找到美國國庫券利率。至於Libor，可以上英國銀行協會的網站找。

投資應用摘要
SUMMARY

本指標分析重點:
泰德利差──國庫券殖利率和Libor利率的差異──擴大（縮小）。

本指標意涵:
近期內銀行將減少（增加）放款，導致經濟放緩（加溫）

建議採取的投資行動:
適當的景氣循環型投資，換言之，當泰德利差擴大時，逐步降低對高風險資產如股票的暴露程度。

應用於投資的風險水平: 中。

**應用得當的可望報酬率: $$**$$

47

德州「殭屍銀行」比率

觀察趨勢用途：領先指標

呆帳水準較高的銀行，有時候會被體質較強健的銀行拯救。不過，有時候卻會直接變成苟延殘喘的殭屍銀行。

TEXAS "ZOMBIE BANK" RATIO

如果要以2008年信用大危機為主題拍一部電影，那以「殺人殭屍銀行攻擊行動」來作為這部電影的小標題，應該再恰當也不過。你應該知道，殭屍是一種既非死、又非生的的行屍走肉。這種非自然狀態的「生物」會不斷地對活著的人造成大災難，直到他們被摧毀為止。

殭屍銀行也很類似。它們也造成大災難，而且，這些銀行不像活著的銀行，因為它們不放款，但卻也不像死掉或被合併的銀行那樣完全沒有任何業務可言，它們只是苟延殘喘地拖著整個經濟體系隨它們一起沈淪。

要怎麼知道你的往來銀行是殭屍銀行？你可以用所謂的德州比率（Texas Ratio）來判斷。這項比率是RBC資本市場公司（RBC Capital Markets）的傑瑞爾德·卡西迪（Gerard Cassidy）和他同事在1980年代初期發明的。

以最簡單的方式來解釋，這個比率是指一家銀行的呆帳相對其可用資本的比率，可用資本被視為防範企業（銀行）破產的一種緩衝。

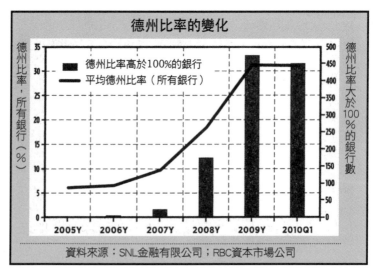

資料來源：SNL金融有限公司；RBC資本市場公司

目前依舊擔任RBC資本市場公司（目前位於緬因州的波特蘭）的銀行股票分析師的卡西迪説：「1980年代時，我負責研究德州的銀行業，我從中理解到，當銀行的德州比率突破100%，它們就會破產。」原因很簡單，100%這個數字很重要，因為到達這個點後，銀行的準備金（亦即資本）就已全部被不斷增加的呆帳消耗殆盡了。

計算德州比率時，要小心一個小陷阱：代表分子的呆帳部份包含銀行帳冊上所有不良資產的完整帳面價值。這包括被銀行收回的房地產（有時候被戲稱為OREO——other real estate owned，意指其他房地產），還有已經違約或進入重整的放款。總之，卡西迪説，這個部份包括很多將來會導致銀行不得不花錢的資產。

分母則是銀行的股東權益——也就是帳面價值——外加呆帳損失準備金。銀行股東權益中的無形資產如商譽，則不在此列。卡西迪解釋，你可以把這個分母（銀行的有形資產）想像成被放在河岸上的沙包，目的是要保護附近的人民不受異常大洪水的傷害。

如果以金融的語法來説，銀行的資本是一種防禦機制，防止呆帳讓一切化為烏有。它就像防範殭屍攻擊的最後一道防線。呆帳水準和德州比率較高的銀行有時候會被體質較強健的銀行拯救。不過，有時候卻也會直接變成苟延殘喘的殭屍。

本指標延伸的投資策略

卡西迪説：「如果一家銀行的德州比率超過100%，代表它的情況非常危急，」「那就像是開車時，轉速達到紅色警戒區一樣，」「如果繼續開下去，車子最後將會爆炸。」

THE
50
Economic Indicators
that Really Matter

卡西迪說，多數人在使用德州比率時，最大的問題是忘記把無形股東權益——例如商譽、貿易機密、版權、專利和商標權等——從分母中剔除。他說：「當一家銀行陷入困境，商譽和無形資產通常會變得一文不值。」

速查！本指標追蹤要點

■本指標何時發佈：
每天

■本指標何處取得：
聯邦存款保險公司（FDIC）有可供你自行計算各銀行德州比率的必要數據，你可以上它們的網站查詢。你也可以上美國財政部金融管理局的網站，裡面也可以找到某些數據。

另外，投資人也可以從公開掛牌交易的銀行的每季盈餘報告——也就是一般所謂的10Q報表——或年度報告——也就是10K報表——中找到相關資訊。

聯邦存款保險公司
FDIC
www.fdic.gov\bank\
statistical\

美國財政部
金融管理局
Comptroller of
the Currency
http://www.occ.gov/
about/contact-us/public-
information/public-
information.html

投資應用摘要
SUMMARY

早一點看懂趨勢
的投資用經濟指標

Part 6
通貨膨脹、
恐懼及不確定性

本指標分析重點:
德州比率(不良資產／有形資本)上升(下降)。

本指標意涵:
銀行或銀行產業較可能(較不可能)破產。

建議採取的投資行動:
賣出(買進)銀行或銀行產業,尤其是這項比例接近「殭屍」標準的100%時。

應用於投資的風險水平:中。

**應用得當的可望報酬率: $$**$$

48

美國國庫抗通膨債券（TIPS）利差

觀察趨勢用途：領先指標（另請參閱"個人消費支出平減指數"、"實質利率"指標）

本利差能讓我們了解市場高手的通貨膨脹預期心理—如果人們都認為商品和勞務的價格將上漲，那物價上漲的可能性就會很高。

華爾街預測家的話通常很不值錢。所以，當你真的想要知道民眾對未來的想法，應該是觀察他們的行為，而不是他們的説法。

具體來説，只要觀察美國公債市場某兩個領域的投資人的行動，就能推斷出未來通貨膨脹的預期心理。這個答案不是來自人們的説法，而是觀察民眾為取得相關債券，平均願意付出多少代價。

用來比較的兩類債券是：1. 政府發行的通膨指數證券，也就是美國國庫抗通膨債券；2. 美國財政部出售的一種標準定期債券。國庫抗通膨債券是一種會在通貨膨脹上升時，給予投資人適當補貼的債券。相反的，一般債券的持有人則會因通貨膨脹上升而受傷害，因為長期下來，名目固定利息收入和本金的購買力將因通貨膨脹而降低。

一般國庫券的名目利率通常比國庫抗通膨債券高，換言之，就每100元投入資金來説，一般國庫券承諾給付的利息較高。不過，國庫抗通膨債券的實際利息金額會根據未來通貨膨脹的影響而進行調整。這兩種證券的殖利率的差異是當初（發行時）那個時間點的預期未來通貨膨脹率。這就是所謂的「TIPS利差」，也稱為「TIPS損益平衡點」。

舉個例子來説明：如果十年期國庫券殖利率為4%，TIPS為1%，代表一般預期未來十年的年度通貨膨脹率為3%。這兩種殖利率的差異——也就是利差——會隨著這兩種債券的價格波動，每天不斷變化。

投資人通常很重視這項指標，因為它讓人洞悉債券市場投資人的通貨膨脹預期心理。從事政府公債市場交易的投資人幾乎清一色是經驗老到且行為理性的投資人，這一點和

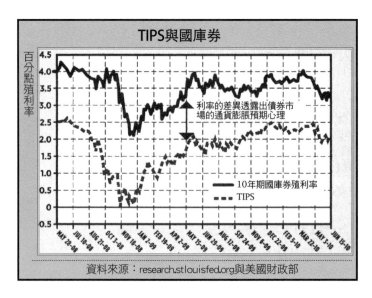

TIPS與國庫券

百分點殖利率

利率的差異透露出債券市場的通貨膨脹預期心理

—— 10年期國庫券殖利率
----- TIPS

資料來源：research.stlouisfed.org與美國財政部

其他市場不同（和股票市場尤其不一樣，股票市場的散戶投資人比重非常高，而散戶的行為經常很不理性）。

本指標延伸的投資策略

TIPS利差之所以重要，是因為它讓我們了解到市場高手的通貨膨脹預期心理。

預期心理對通貨膨脹非常重要，因為這種心理會產生自我實現的效果。如果你和周遭所有人全都認為商品和勞務的價格將上漲，那物價確實就會有很高的傾向會上漲。由於通貨膨脹預期心理隱含這種自我實現的問題，所以FED一直都密切注意債券市場的這個領域。

一家總部位於新澤西州的研究公司馬爾它市場公司（Marta on the Markets）的老闆，也是債券市場老手的T.J.馬爾它（T. J. Marta）說，也因如此，我們也可以利

用這項指標來推測聯準會何時可能會調整借款成本。馬爾它解釋：「2%似乎是升息與降息的分界線。」它的意思是，當通貨膨脹預期超過一年2%，FED將提高借款成本。以這個例子來說，他認為可能可以買進長期債券，等待大漲行情的來臨。他說：「民眾會因此認為FED有能力有效控制通貨膨脹，殖利率將因此下降（債券的價格則上漲）。」

馬爾它解釋，當通貨膨脹預期低於一年2%，FED可能不會提高短期利率。在這個情況下，短期借款成本將維持低檔，而那傾向於對商品有利。他也說，在這個情況下，股票的表現應該也會不錯。

不過，馬爾它也指出，TIPS利差有時候會突然短暫突破2%，所以，一如使用其他指標時的精神，在採取實際的行動以前，務必觀察是否TIPS利差已出現持久性的趨勢。

速查！本指標追蹤要點：TIPS利差

■本指標何時發佈：
每天。

■本指標何處取得：
《華爾街日報》市場數據中心能找到TIPS殖利率和國庫券殖利率的數據，一旦進入這個網站，必須點選「債券、利率與信用市場」（Bonds, Rates& Credit Markets）那一欄。

另外，FRED資料庫也有TIPS和一般國庫券的殖利率資訊。美國財政部的網站上也有TIPS的資訊。

市場數據中心
Market Data Center
www.WSJMarkets.com

FRED資料庫
research.stlouisfed.org\
fred2

美國財政部
www.treasurydirect.gov/

THE
50
Economic Indicators
that Really Matter

本指標分析重點:
以TIPS利差衡量的通貨膨脹預期持續超過
（低於）2%。

本指標意涵:
聯準會將可能提高（不提高）利率。

建議採取的投資行動:
適當的景氣循環投資標的。舉個例子。當
TIPS利差顯示FED將緊縮貨幣政策，那可以
考慮買進較低風險的資產，如優質公司債，
賣出較高風險的資產，如股票。

應用於投資的風險水平: 中。

應用得當的可望報酬率: $$$$$

49

芝加哥選擇權交易所（CBOE）波動率指數（VIX）

觀察趨勢用途：領先指標

本指數可用來衡量恐懼水準，數值越高，代表投資人焦慮程度愈高。

有人說狗能嗅到恐懼，其實你也可以，而且是以完全客觀的方式來感受。這一點很重要，因為恐懼和貪婪才是驅動華爾街行為的真正力量。儘管我們無法精確衡量貪婪——因為這太過主觀——但卻能輕易衡量恐懼。

只要使用芝加哥選擇權交易所波動性指數（VIX）就能衡量恐懼水準：VIX愈高，代表投資人的焦慮程度愈高。它就是華爾街給我們的「警告」。

以最簡單的方式說，VIX是衡量投資人針對「股市大盤下跌」買保險的成本。投資人愈願意買這項「保險」，就代表整體而言投資人愈焦慮。所以，儘管你無法利用這個指數清楚看穿某個投資銀行家堅硬的情緒防護罩，卻能讓你了解整個投資銀行業有多恐懼。

VIX是衡量買進史坦普500指數選擇權的成本的相對指標，該指數是最受公認的美國股市大盤指標。這些選擇權註5是在芝加哥選擇權交易所交易，它們可以提供類似保險的保護作用，讓投資人得以規避類似1929年、1987年或2008年那種股市意外崩跌的風險。投資人對未來事件的不確定感愈高，他們就愈願意買保險，因此也會把選擇權的價格推高。

最常被用來設定選擇權理論價值的方法是「布萊克-休斯」（Black-Scholes）公式，這個公式是以兩個精明的經濟學家的姓名來命名，他們二人是在1970年代發明這個公式。這個公式使用了很多種輸入值，包括利率、選擇權合約期間、指數的相對價格和波動性。這當中存在一個不能不知的關鍵：在任何一個時間點，除了波動性以外，其他變數都是已知的。而交易員就是透過選擇權的市場價格來解出波動性這個變數。他們稱計算出來的結果為「隱含波動性」，那就是VIX：隱含波動性。

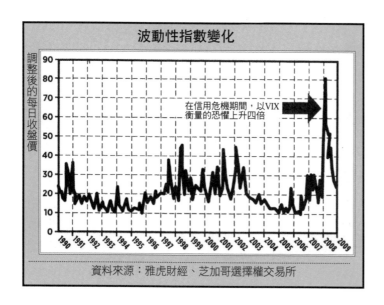

波動性指數變化

調整後的每日收盤價

在信用危機期間，以VIX
衡量的恐懼上升四倍

資料來源：雅虎財經、芝加哥選擇權交易所

本指標延伸的投資策略

其他人的恐懼能幫助你在華爾街賺錢。不過，首先你必須
避免使用某些高風險的策略。

最值得一提的是某些投資人利用VIX水準的變化來買進和
賣出選擇權。當然，他們也許確實能透過這個方式獲取利
益，但你自己在嘗試以前應該三思，因為「買進選擇權是
讓你很快虧大錢的方法之一」。這是某個投資老手對本書
作者之一的忠告。對新手投資人而言，這個道理更是彌足
珍貴，如果你是新手投資人，就應避免介入選擇權。

當然，那並不意味VIX完全無用。它除了能讓你大致了解
華爾街的整體焦慮程度，也有幾種利用它來獲利的方法。

紐約一家另類的資產管理公司「準則資本」（Formula

Capital）的總經理詹姆斯‧亞圖契（James Altucher）說，他發現一個利用VIX作為研判指標的大略致勝交易法。

他說：「當VIX在某一天突然急遽上升到20%以上，那通常是作多市場的好時機，不管此時處於多頭市場或空頭市場。」他指出，VIX突然飆升是對股價下跌的一種直覺反應。然而，隔天股價經常會反彈。

具體而言，他說，VIX急遽上升20%後，「隔天早上買進SPY，並在那一天收盤時賣出。」所謂的SPY，就是SPDR史坦普500指數的指數股票型基金，它隨著眾所關注的史坦普500指數500檔公開掛牌大型企業的股價波動。

根據亞圖契的分析，從1993至2010年年中，這個方法的結果是平均獲0.97%。VIX突然竄升20%的情況只發生過30次，不過，他提到，其中22次的交易是能獲利的，換言之，73%的時間可以賺到錢。

亞圖契說，以一天的交易期間而言，接近1%的報酬是極端高的，這大約是200%以上的年化報酬。他指出，交易成本大約是每股1美分，就這筆交易而言，那可以說是小意思，而且，在剩下的那27%未能獲利的交易中，虧損金額也都不大。

他說：「在過去17年間，根據上述方法交易，但持有期間由一天改為一個月的每筆交易平均報酬是-0.64%，」他提到，最糟糕的一年是2008年。若不將2008年的數據納入，利用上述原則進行一個月期交易，平均也會賺錢。」

速查！本指標追蹤要點

■本指標何時發佈：
持續不斷。

■本指標何處取得：
在《華爾街日報》市場數據中心主頁上，就能找到VIX的
數據，當你進入這個網頁後，應尋找「CBOE波動性VIX」
（CBOE Volatility）。另外，你也可以在雅虎財經網站和
芝加哥選擇權交易所找到VIX的數據。

* * * * *

註5：選擇權是定期的合約，合約的買方有權以預定的價格，買進
　　（或賣出，取決於合約內容）這個指數。選擇權合約到期時的合約
　　價和指數市場價格之間的差異，就是投資人的利潤或虧損。

投資應用摘要
SUMMARY

本指標分析重點：
VIX一天內急遽升高到20%以上。

本指標意涵：
市場可能過於恐懼，所以可能會反彈。

建議採取的投資行動：
在這項指數遽升的隔天早上買進大盤的
ETF，如SPY，並在同一天收盤時賣出。

應用於投資的風險水平：極端高。

應用得當的可望報酬率：$$$$$

50

狐狸精指數

觀察趨勢用途：同時指標

當經濟處於榮景期，多數企業樂於以較高薪酬聘雇面容姣好的員工，故「俊男美女」便忙著從事這些收入優渥的工作。

「狐狸精指數」也就是所謂的「辣妹服務生指標」。相關的概念是：當你附近的小飯館和酒吧的女服務生看起來很性感火辣，那保證此時絕對是經濟蕭條期。

這個指標最初是在2009年問世，那是經濟危機最嚴重的一段期間。當時擔任《紐約》雜誌的編輯部部長雨果·林德葛倫（Hugo Lindgren）為他的雜誌寫了一篇和這項指標有關的文章。顯然他們刊登這篇文章的目的，並不只是用來湊滿這本充斥廣告的浮誇刊物的篇幅。

不管你信不信，這個指數背後確實隱含一些嚴肅的經濟理論，而且它和就業機會非常相關。

林德葛倫說：「有很多企業有興趣聘請能吸引人的人。」「不管是美女還是帥哥都一樣。」

不過，林德葛倫指出，企業對美女的評價比帥哥高。所以它才會被稱為狐狸精指數，不是種馬指數。

一般來說，雇主——尤其是服務業——會給予面貌姣好的俊男美女較高薪酬。不僅是走秀的模特兒如此，各式各樣的社會／商業活動都一樣。舉個例子，一個位於紐約的BarCandy公司，就專門為一些別緻的活動提供吸引人的酒保。

當經濟處於榮景期，「漂亮的人」都忙著從事這些收入優渥的工作。他們不需要到油膩膩的地方餐館做事。不過，當經濟情勢變險惡，高薪工作機會將會減少，這些俊男美女們就可能得屈就於一般餐廳的職務。

所以，下次如果你注意到你們當地晚餐店的女服務生超級

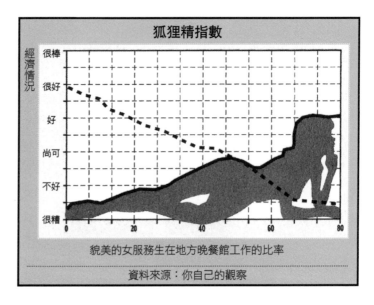

狐狸精指數

經濟情況

很棒
很好
好
尚可
不好
很糟

0　　　　20　　　　40　　　　60　　　　80

貌美的女服務生在地方晚餐館工作的比率

資料來源：你自己的觀察

漂亮，那就大可以懷疑經濟是否已處於危機狀態。不管你是否住在洛杉磯，都一樣。

本指標延伸的投資策略

使用這個指標時要注意一個小問題。那是因為「吸引人」的標準因人而異，不可能每個人都有相同的感受。基於那個原因，你必須自己收集數據，而不是靠其他人收集數據，而且，你應該試著每次都抱持相同的心態。

要精確解讀這項指標，必須進行一些嚴謹的研究。沒錯，你的功課是要去察看你附近小飯館的服務生，而且只去一趟不夠。

你必須做筆記，而且每次到那家飯館都要做筆記，因為這一項指標的關鍵是要建立一個趨勢，而不是要記錄服務生的絕對可愛程度。

舉個例子，女服務生的容貌有一次比一次美嗎？如果是，也許那就代表經濟開始惡化。但如果不是——本地咖啡館的員工都長得面目可憎或不吸引人，那你就可以確定，經濟趨勢還是向上。

值得一提的是，林德葛倫發明這項屬於他自己的指數的原因之一，其實是要敦促其他人也自己多思考。

林德葛倫說：「這是非常有趣的寫作主題，也是幫助其他人開發屬於他們自己的指數的一個好工具。」

換言之，不要完全依賴政府機關提供的資料。取而代之的，未來的預測家們應該設法歸納屬於自己的想法。林德葛倫表示，據說前聯準會主席葛林斯班喜歡觀察廢金屬價格和內衣銷售。

在此同時，其他人說，花多少時間才能在紐約市街上招到計程車，也是觀察消費者是否感覺受到壓迫的好指標。這個「計程車指數」有很多優點。那是因為街上的計程車數量基本上是固定的，不固定的是民眾對那些計程車的需求。從民眾的計程車支出，便可了解經濟的相對強度。

如果民眾較常搭計程車，街上就比較少空計程車；所以你就得花比較長的時間才招得到一輛。總之，如果你老是很快就能在曼哈頓中城尖峰時間招到計程車，那代表經濟情況一定有問題。相同的，如果即使在離峰時間都招不到計程車，那代表經濟還向上發展。另外，若你遇到一大堆長相秀色可餐的計程車司機，那就趕快退場，溜之大吉吧！

速查！本指標追蹤要點

■本指標何時發佈：
每次上餐廳時。

■本指標何處取得：

由於《華爾街日報》是一份老少咸宜的家庭式刊物，所以，它的版面上不會有太多辣妹服務生，這意味你必須憑藉自己的力量來編製這項指標。不過，如果你已經讀到本書的這個章節，你應該已經早就準備好自己來了。你現在可能就在一家咖啡館讀這一章。如果是，記錄一下服務生吸不吸引人。把你的觀察寫下來（甚至可以寫在這一頁），包括地點、時間，接下來，不斷重複做這件事。很快的，你就會有足夠的數據繼續下一步。

不過，請接納雨果‧林德葛倫的建議，想想能不能自己發明一個指標，不要只是製作狐狸精指數。自己試試看，如果你自己的指標管用，就繼續使用它。如果不管用，就丟了它。不過，最重要的是享受當中的樂趣，還有，切記在制訂牽涉到大筆金錢的決策時，絕對不能只根據任何一項指標，不管它有多吸引人。

投資應用摘要
SUMMARY

要注意什麼：
本地服務生的長相愈來愈吸引人

本指標意涵：
需要美女的高薪工作機會很稀少。經濟比你剛剛買的布丁還要疲軟。

建議採取的投資行動：
邀辣妹服務生出遊，接著，買防禦型的股票，如公用事業、食品零售商和製藥公司。

應用於投資的風險水平：極端高。

應用得當的可望報酬率：$$$$$

294

結論

綜合研判才能掌握的「經濟藝術」

你必須做的，就是觀察涵蓋經濟所有領域的不同指標，並學習怎麼在還存在些許不確定性時，訂好你的投資決策。

如果你反覆讀過我們的《早一點看懂趨勢的投資用經濟指標》，你現在應該已做好萬全準備，可以開始進行綜合研判了。在綜合研判各項指標的過程中，請切記，經濟預測比較像是一種藝術，而非科學。

以下是一些訣竅，其重要性不因書寫的前後順序而有差異：

首先，要小心數學模型，因為數學模型會讓人誤以為「既然它很精確，所以一定很安全」。「明年經濟將成長2.3422674%」的說法實在荒謬可笑。如果有人對你這麼說，一定要敬而遠之。

相同的，來自官方資訊來源的數字也可能會讓人誤以為它很「精確」。當政府說失業率是9.6%時，一定要記得，那只是根據一個由少數家庭組成的小樣本所估計出來的數字。以約略值10%來看待它會比較好，不過，觀察趨勢就更好了，你可以注意逐月的失業率是下降或上升，這樣更能釐清真實情況。

不要一味追求數字的精確度，你應該先設法了解經濟因果關係的基本模型，這樣你才會有足夠經驗，從而改善你的判斷能力。這些因果關係比數字本身更重要，更有彈性。我們已在《早一點看懂趨勢的投資用經濟指標》裡的個別經濟章節描述某些基本概念了。

儘管如此，你在觀察這些模型時，一定要記住，預測像是一種活靶。即使某些變數過去十年、過去一年或甚至上個星期維持某種統計關係，也不代表它們目前的關係不變。那就是我們必須深入研究各種數據的原因，儘管很多人會認為這麼做太耗費時間，但這件事卻非常重要。而且，這就是我們在討論各經濟部門的內容中，納入很多不同指標

的原因（只有一節例外：政府，那一節只有一個經濟指標，但我們認為那一個已足夠）。

畢竟請想想：假定X、Y、Z指標過去的波動向來都亦步亦趨，而且通常都會比A指標先透露出一些端倪，那你可能會認為只要追蹤X就好，不要管Y和Z。不過，這樣一來，一旦經濟體系的某一項結構性變化導致X和Z指標成為A指標的反向指標，只剩下Y可用來預知A指標，只看X指標的你可能就會有所失誤。

相反的，一個隨時都密切追蹤這三系列指標的投資人，一定會注意到這個異常現象，並步步為營。這樣一來，他就不致於血本無歸。前聯準會主席葛林斯班向來倡議應深入研究數據，他向來都會深入鑽研大量數據，最後再根據研究結果進行預測，並以這項預測作為調整美國貨幣政策的依據。當然，他不見得每次都預測正確，不過，他過去的記錄確實比多數人都優異。

如何領先大家都會知道的事？

隨著資訊流通速度加快，大家都面臨更快速做出更準確預測的壓力。如果你感受到那股壓力，那你可能會縱容自己只專注於少數幾個涵蓋面較廣的指標，而不仔細追蹤被我們點名的這50個指標。千萬不要這麼做！

為什麼？因為這樣會讓你遇到大麻煩。一項經濟指標的涵蓋面愈廣，它就愈不精確。換言之，著眼於整體經濟活動的指標的衡量過程及結果傾向於太過粗略。這是應用投資人所熟知的「風險-報酬」得失所推演出來的洞見。有時候，我們確實可以透過指標速讀，制訂出成功的投資決策，但這麼做通常會產生一些後座力。

另一種極端的作法是等到國民經濟研究會（National Bureau of Economic Research, NBER）完成對很多不同經濟衡量指標的的評估——這項廣泛而深入（但卻流於事後諸葛）的評估是定義商業循環何時開始、何時結束——後再作決定。這麼做會讓你錯失良機，而且每次都會錯過，那是因為等到NBER宣佈經濟衰退或擴張時，實際發生的時間點早就過了很久，當時的事件幾乎都已成了歷史事件。到那時，你已錯過了所有適合的投資機會了。

你必須做的，就是觀察涵蓋經濟所有領域的不同指標，並學習怎麼在還存在些許不確定性時，訂好你的投資決策。事實上，相較於尚未研究過《早一點看懂趨勢的投資用經濟指標》的人，你可能可以搶得很多先機，因為等到他們聽到朋友說經濟表現很好時，你說不定已經發現幾個顯示經濟將走弱的跡象了。透過經驗來學習怎麼信賴你自己的判斷。

明智地篩選指標

在使用任何一個指標以前，一定要了解景氣循環性變化和結構性變化之間的差異。景氣循環性差異是商業循環過程中一定會發生的，如經濟衰退後便會擴張，接著又會衰退。結構性變化則是發生在經濟體系某些事物出現根本變化時，如20世紀初發明了汽車這件事。

最近一個例子是發生在大英王國。在英國，郵寄數量向來被視為一個經濟指標。原因是，當經濟亮麗成長，需要使用郵局體系來進行廣告、雜誌訂閱、合約簽訂和傳遞支票等的案例就愈多，所以，皇家郵政公司的郵寄量就會同步增加。但從大約1999至2000年起，即使英國經濟處於擴張狀態，郵寄服務的使用數量卻還是下滑。在大衰退期

間，信件數量減少速度是經濟活動衰退速度的好幾倍。所以，如果根據皇家郵政公司業務量的下降，判斷英國經濟即將衰敗，那就是錯誤的。郵政業務量大幅降低主要是和科技（電子郵件、網站、電子簽名等）有關，和英國的經濟活動水準較不相關。

相似的，誠如我們在本書稍早篇幅提到過的，以前投資人曾認為，對通用汽車公司有利的就對美國有利，相反亦然。如果通用汽車的盈餘表現不佳，投資人就會認定經濟可能趨緩。在1950年代時，這樣的推論也許還有道理，不過，隨著時間的消逝，通用汽車的命運和全美國命運的相關性已經不再那麼高了。目前投資人可能甚至會將通用汽車疲弱的銷售量視為經濟將轉強的訊號，因為如果政府願意放手讓這個昔日巨獸倒閉，進而允許成百上千家更有創新能力的企業得以吸收這個巨獸的腐爛殘骸的養分（指通用汽車公司的工程師、機器人、閒置的工廠等），進而成長茁壯，那對美國反而是好的。在我們寫這本書時，政府已透過一個大規模紓困方案，取得通用汽車的部份股權，但本書作者認為這樣的作法非常不正確。

有些預測家會以年度核准專利數來作為衡量經濟活動的指標。不過，使用這個數字時，可能要注意一些問題，因為它有時候是同時指標（它在「大衰退」期和1970年代都「盡職地」下滑），但有時候又是一個很有遠見、能衡量未來生產力成長的領先指標。就領先指標的層面來說，今日核准的一項專利讓明天的我們可以生產更多產品。世人花很多時間和金錢來發明東西，並以專利來保護自己對這項東西的權利，所以，他們當然期望專利是有價值的。是嗎？沒錯！

然而，大致上來說，在很多地方——包括美國——取得和

早一點看懂趨勢
的投資用經濟指標
結論
綜合研判才能掌握
的「經濟藝術」！

299

維護一項專利的成本和其他各種成本比起來是很低的。所以，儘管我們可能規定所有專利都擁有正的期望價值（指專利的期望利潤超過期望成本），但並非所有專利都一樣重要。舉個例子，第一個電腦晶片和第一台自動聖水機的經濟影響——包括它們各自衍生的利潤和漣漪效應，確實差異極端大。不過，我們很難說出實際上究竟差多少。換言之，當下來說，專利的「質」非常重要，但這很難事前評斷。

更令人困擾的是，由於專利辦公室的法規和效率不斷變化，所以每年核准的專利數絕對不是一個清晰的衡量指標，舉個例子，1970年代專利發放的活動顯著下降，部份、甚至數量多達全數應歸咎於專利申請案件的許可百分比下降，以及因政府裁員而導致等待檢討的案件嚴重積壓所致。

在進行預測時，另一個常見的謬誤是，很多人以為如果經濟擴張或衰退延續期間超過平均值，那就代表轉捩點即將到來。經濟衰退當然有可能延續達半個世紀——看看古巴和北韓就知道；另外，某一次經濟擴張當然也可能遠比平均期間長，那當然高度取決於取樣期間的起點和終點日期。舉個例子，根據NBER的說法，1854年以來的平均擴張期是38個月，但從那時開始有七次擴張期維持超過五十個月，換句話說，那幾次的延續期間比平均期間長一整年以上。

投資人必須小心的另一個問題是，不要執著於太過複雜的指標，像是到美國非法打工的墨西哥人人數（即使這些數字有可能真的算得出來）。誠如美國喜劇中心頻道（Comedy Central）的《南方公園》（South Park）系列卡通片在2004年的「Goodback」那一集貼切呈現

的，墨西哥移民人數是墨西哥和美國經濟相對健康情況的函數，它不是只顯示美國經濟狀況的指標。所以，儘管2009年的估計移民數遠低於2000年的高點——150萬人以上，但其實從2005年至2006年起，移民就已開始下降，那是早在「大衰退」期發生以前就存在的現象。那並不是因為潛在的墨西哥移民特別有先知，預知金融危機將發生，而是因為當時墨西哥經濟情況相對較美國經濟改善，而且到2009年時為止，都維持這樣的狀態。

金融市場只往前看，所以，投資人也必須有前瞻性。早起的鳥兒不見得一定會有蟲吃，但多貪睡幾個小時，卻可能會讓你完全沒有蟲可吃。蟲兒就像優於市場平均的報酬，是非常難以掌握的生物，而且顯少出現在同一個地方，至少不會連續幾天出現在同一處。所以，只有聰明的鳥兒、有預測能力的鳥兒才有辦法抓到蟲，而且是用最低的成本抓到。對投資人來說，這個道理一樣說得通，想賺錢，就得培養一點先見之明。

我們的神奇子彈

本書除了大略解說「50個投資用經濟指標」，我們還試圖建立以下幾個觀念：

● 能在商業循環的每個階段賺到超越市場的報酬，而且還要能保住這些報酬，才叫成功的投資。

● 投資人必須正確預測商業循環，才能進一步了解哪些具體類型的投資標的（債券、股票、商品和房地產）將可能創造優異的報酬。

● 投資不是僅只一次的事件，它是一種學習過程，要了解極端複雜的經濟，必須投注一生的承諾。

- 預測和廣義的投資一樣，比較是一種藝術，而非科學。正確的推理和宏觀的先見之明，絕對能超越以不確定的假設為基礎的精確計量及數學結論。

- 精確預測的能力來自堅實的歷史趨勢數據和能正確辨識因果關係的模型，而不僅是正確的統計數據。

- 經濟指標可能領先或落後實際經濟情勢，也可能和經濟情勢同步，所謂經濟情勢，是以人均產出——亦即GDP——來衡量，它是消費、投資、政府支出和淨出口的總和。

- 投資人追蹤的指標愈多，就愈能判斷經濟的走向，也更能自信地掌握商業循環即將產生什麼變化。

- 本書描述的50個指標是最好用的，因為這些都是最即時、最精確且和實際經濟情況最相關，而且相對比較不是那麼眾所皆知的指標。

- 儘管落後和同時指標對於了解複雜的經濟情勢而言非常重要，但對投資人來說，領先指標還是最重要的。

- 不過，某些同時指標的組成要素具有及時性，能讓你一窺未來情況，所以，可用來作為領先指標。

讀一本解釋經濟指標以及解釋如何利用這些指標來獲利的書是一回事，實際將書本內容應用到實務上，又是非常不同的另一回事。那麼，你要如何將這些知識應用到實務？

要善加使用這些材料，必須先有一套計畫。首先，每天留下一點時間來研究幾個指標。要選擇研究哪些指標、何時研究等，最好的方法是在行事曆上標註每一項指標的新數據將在何時發佈。多數指標都有具體且可預測的發佈日期

和時間。我們的綜合建議與結語裡都有列出當期發佈日期，你也可以參考《華爾街日報》線上行事曆。此外，一直以來，「投資簡報網」也都提供一份經濟數據發佈日期和時間的線上行事曆。

由於多數數據都是在紐約時間的早上發佈，所以，我們建議在數據發佈前一晚，投入一點時間重新閱讀和即將發佈的指標有關的章節。當你反覆讀過相關的章節時，也要記得參閱財金媒體的報導。這些媒體經常會發表文章說明投資人預期新數據將是多少，以及若各種情境發生，又分別代表什麼意義等。

早上早點起床，看看發佈出來的數據怎麼說。另外，這時也應該看看財經媒體怎麼評論這項新出爐的數據，結果將讓你值回票價。一個月裡的多數日子（平均一個月有22個營業日）都會發佈某些經濟數據，所以，你可以根據發佈的時間表，設定一套研究行事曆。

話雖如此，我們描述的某些指標是民間機構發佈的（例如可取得信用擺盪指標），或沒有固定的發佈日期（VIX、狐狸精指標、德州比率等）。這會導致你的研究過程遭遇一些小問題。不過，這就是為什麼平日定期仔細研究商業媒體會讓「值回票價」。因為到最後，你將能發展出一些尋找必要資訊的方法來幫助自己追蹤那些指標。還有，每次找到和這些非公開或質化指標有關的資訊，記得重新讀一下相關的章節。

切實依循這個研究時間表，在數據發佈前一晚閱讀相關章節，並在隔天發佈後分析實際的數據，至少持續兩個月。屆時，你可能就可以開始寫你的投資日記。

所謂投資日記，就是你的「紙上交易」記錄。換言之，你

**《華爾街日報》
線上行事曆**
online.wsj.com/mdc/
public/page/2_3063-
economicCalendar.html

**「投資簡報網」
線上行事曆**
www.briefing.com/
investor/calendars/
economic/

根據自己對經濟的解讀,「買進及賣出」各種資產。不過,關鍵是:這些都是紙上交易,現階段還不應該投入真正的資金來交易。這麼做的目的是要以一種安全且免費的方式來測試你的學習心得。為了方便計算,在計算這個虛擬帳戶的買進及賣出資產價格時,採用收盤價即可。

至少使用紙上帳戶六個月,甚至要更久。當你覺得自己已做好準備,就可以開始用真正的錢來投資。但一開始,必須非常謹慎,因為你一定還是會犯錯。不過,只要利用從本書吸收到的知識,配合你自己的研究,投資錯誤可望逐漸減少,傷害也會愈來愈小。最後,你將達到所有投資人都想達成的目標:獲利增加、壓力減輕。

附錄

實用經濟指標查詢網站

一般

投資簡報網
www.briefing.com

提供免費的「投資人」（Investor）欄
和一份經濟行事曆。

消費

勞工統計局
www.BLS.gov

有非常多和美國勞動力失業、效率和
組成結構等有關的資訊，另外，它也
發佈生產者物價及其他很多數據。

運輸局
http://www.rita.dot.gov/bts/
publications/national_transportation_
statistics/

有詳細的全美汽車銷售資訊。

經濟諮商局
www.conference-board.org

提供有關消費者信心的詳細資訊。

連鎖店時代（Chain Store Age）
www.chainstoreage.com/

本網站有提供零售銷售數據。

紅皮書研究
www.redbookresearch.com/

本網站有提供零售銷售數據。

投資

經濟循環研究協會
www.businesscycle.com

有和WLI及JoC-ECRI工業市場價格指數有關的數據，也有其他指數及指標相關資料。

供應管理協會
www.ism.ws

提供ISM製造業調查及ISM非製造業調查的數據。

Kitco金拓
www.kitco.com

為金屬市場觀察者提供非常深入的資料來源。

倫敦金屬交易所
www.lme.com/home.asp

提供基本金屬價格的詳細資訊，同時
會定期報導金屬存貨情況。

全國房地產經紀商協會
www.realtor.org

有很多和住宅市場有關的數據。

紐約商品交易所
（CME集團的一員）
www.cmegroup.com

提供有關能源和金屬的資訊。

半導體產業協會
www.SIA.org

有詳細的訂單／出貨比。

世界金屬統計局
www.world-bureau.com

提供詳細的全球金屬市場資訊。

政府

美國財政部
www.treasury.gov/Pages/default.
aspx

有大量和經濟及稅務有關的資訊。

白宮
www.whitehouse.gov

會發佈政府相關的數據。

淨出口

波羅的海交易所
www.balticexchange.com

提供海運運費資訊。

日本央行（英文介面）
www.boj.or.jp/en/

提供短觀調查及其他日本具體數據。

中央情報局
www.cia.gov

提供多數國家的基本經濟數據。

《經濟學人》雜誌
www.econmoist.com

提供有關大麥克指數及其他經濟數據
的詳細資訊。

能源資訊管理局
www.eia.gov

提供原油庫存的詳細資訊。

國際貨幣基金
www.imf.org/external/index.htm

提供世界上幾乎所有國家的資訊。

經濟合作暨發展組織
www.oecd.org

提供世界富有國家的數據。

世界銀行
www.worldbank.org

提供超過200個國家的1200多個經濟
指標的數據，包括農業、教育、環境
和保健。

多元組成面

英國銀行協會
www.bbalibor.com

提供Libor報價。

經濟分析局
www.bea.gov

負責維護所得、支出和儲蓄及其他很
多數據。

戶口普查局
www.census.gov

提供耐久財訂單、住宅市場和其他很
多經濟指標。

美國疾病防治中心
www.cdc.gov

提供人口統計數據。

聯準會
www.federalreserve.gov

提供許多種類的數據和研究報告，包括工業生產以及著名的褐皮書。

金融日報
www.dailyfinance.com

提供短期利率的數據。

聖路易斯FED的FRED資料庫
research.stlouisfed.org/fred2/

提供超過2000個全國經濟變數的時間序列數據，包括銀行業、商業、物價、就業、匯率、產出、利率、貨幣總額及國際貿易等。

美國財政部金融管理局
www.occ.gov/index.html

提供分析銀行的數據。

費城FED
www.phil.frb.org/index.cfm

提供Aruoba-Diebold-Scotti商業狀況指數和它的商業展望調查。

《華爾街日報》
www.WSJ.com

有大量新聞和分析，還有個一體適用
的數據中心。

雅虎財經網
finance.yahoo.com

有股票、指數和指數股票型基金的時
間序列數據。

通貨膨脹、恐懼及不確定性

芝加哥選擇權交易所
www.cboe.org

提供VIX的數據。

聯邦存款保險公司（FDIC）
www.fdic.gov/bank/statistical/

有提供用來計算德州比率的數據。

倫敦黃金市場協會
lbma.org.uk

提供黃金和白銀的歷史數據。

痛苦指數
www.miseryindex.us/

提供美國通貨膨脹和失業率的數據，
這兩者合起來便是痛苦指數。

國家圖書館出版品預行編目(CIP)資料

早一點看懂趨勢的投資用經濟指標：從漢堡、房地產到金屬價格的景氣觀測技術 /
賽門.康斯戴伯(Simon Constable), 羅伯.萊特(Robert E. Wright)著；陳儀譯. -- 初
版. -- 臺北市：大寫, 2013.01
　　面；　公分. -- (in-Action!書系；HA0036)
譯自：The Wall Street journal guide to the 50 economic indicators that
really matter : from Big Macs to "zombie banks, the indicators smart
investors watch to beat the market
ISBN 978-986-6316-70-8(平裝)

1.經濟指標　2.商情預測　3.投資管理

551.98　　　　　　　　　　　　　　　　　　　　　　101025549

早一點看懂趨勢的投資用經濟指標

從漢堡、房地產到金屬價格的景氣觀測技術

THE WALL STREET JOURNAL GUIDE TO THE 50 ECONOMIC INDICATORS
THAT REALLY MATTER
by Simon Constable and Robert E. Wright
Copyright © 2011 by Dow Jones and Company
Complex Chinese Translation copyright © 2013
by Briefing Press, a Division of AND Publishing, Ltd.
Published by arrangement with HarperCollins Publishers, USA
Through Bardon-Chinese Media Agency
博達著作權代理有限公司
ALL RIGHTS RESERVED

大寫出版　in-Action! 書系　HA0036
著者｜賽門‧康斯戴伯（Simon Constable）、羅伯‧萊特（Robert E. Wright）
譯者｜陳儀
封面設計｜javick工作室
內文排版｜藍天圖物宣字社 yalan104@yahoo.com.tw
行銷企畫｜王綏晨、邱紹溢、陳詩婷、曾曉玲、曾志傑
大寫出版｜鄭俊平
發行人｜蘇拾平

出版者：大寫出版 Briefing Press
地址：105台北市松山區復興北路333號11樓之4
電話：02-2718-2001　傳真：02-2718-1258
發行暨營運統籌：大雁文化事業股份有限公司
讀者傳真服務：02-2718-1258
讀者服務信箱 E-mail：andbooks@andbooks.com.tw
劃撥帳號：19983379
戶名：大雁文化事業股份有限公司

初版十一刷　2021年5月
定價　330元　ISBN 978-986-6316-70-8

歡迎光臨大雁出版基地官網
www.andbooks.com.tw
訂閱電子報並填寫回函卡